「リーガル・スタディ」コトハジメ

家族・消費者・労働者としての私たち

山口由紀子・奥貫妃文　著

萌書房

教授は「宇宙語」を話しているのではないかと思うほどでした。

　それでも，授業を受けるうちに，徐々に光が見えてくるような気がしました。それは，法律の意外な「人間くささ」に気がついたからかもしれません。なかでも，労働法の授業は労働者のリアルな姿がくっきりと浮かび上がってくるようで，初めて，現実の社会と法律が密接に関わっていることが実感できた気がしました。

　法律を学んでわかったことは，法律とは，「私たちの社会」をどのように築いていくのか考えるときの「モノサシ」であるということです。その「モノサシ」は，社会の中のごく一部が喜ぶようなものであってはならないし，一部の人間が「モノサシ」の目盛りを勝手に決めることもあってはなりません。

　「モノサシ」は，社会を構成するすべての人が平等に享受できるものでなければならないし，また，すべての人が理解・承認できるための手続も保障されなければなりません。もちろん，全員が同意できるような法律は実際には存在しないでしょうが，少なくとも，「モノサシ」をつくる過程（プロセス）は，社会の成員すべてに開かれなければなりません。公平性と透明性，これが担保されていなければ，「モノサシ」は，一部の人にとってだけ都合の良いものになってしまいますし，そんなものをみんながきちんと守ろうとは思わないでしょう。

　つまるところ，法律は「民主主義」の体現であるといえます。法律というと，「白黒ハッキリつけるもの」「私たちを厳しく束縛するもの」「ガチガチに堅いもの」というイメージが先行してしまうかもしれませんが，実はそれだけではありません。むしろ，法律の存在意義は，「社会の長期的な安定」を図り，「社会のすべての成員の権利と自由」を確保するためにあるのです。

思想も違う，嗜好もさまざまである．立場によって利害もそれぞれ絡み合う……．私たちは，こうした「他者」とともに，平和で安定的な社会を維持していくという難しい課題を抱えて生きていかなければなりません。そのときに，いかに自分と異なる他者の権利や自由を認められるか，とりわけ，声を上げにくい弱い立場に置かれた人たちの権利や自由を守れるのか，そのときに，「モノサシ」をどのように活かせるのか，知恵を絞ることが求められます。

　このような発想を「法的思考」（リーガル・マインド）といいます。法的思考は，決して法律専門家だけのものではありません。本書は，社会をつくっているメンバーの1人である皆さんに，身近な生活の場面から「法的思考」について考えてもらいたいという目的のもとで企画したものです。

　とはいえ，「社会」といってもあまりにも抽象的で「漠（ばく）としたもの」に思えるかもしれません。そこで本書は，「家族」・「消費者」・「労働者」という3つの具体的な立場から，実際に起こっている法律問題を例に挙げて考えることにしました。

　私たちは，実にさまざまな顔を持っています。あるときは，〇〇の子どもとしての自分，または〇〇の親としての自分，〇〇のきょうだいとしての自分など，「家族」としての顔を持ちます。しかし，それだけではありませんよね。たとえば，今夜の夕食の食材を買いにスーパーに行くとき，一念発起して新車を買うとき，もっと一念発起して念願のマイホームを購入するとき，私たちは「消費者」としての顔を持ちます。さらには，たとえば，スーパーマーケットでレジを担当しているとき，または，自動車会社のディーラーとして車を売るとき，不動産会社の社員として家を売

序——本書のトリセツ　　*iii*

るとき，私たちは「労働者」としての顔を持ちます。

　本書では，上記のような生活に密接に関わる場面について，第1章で「家族法（民法）」，第2章で「消費者法」，第3章で「労働法」という章構成で，現在起こっているそれぞれの法律分野の問題について考えていきます。最初から順番に読んでいただいてもいいですし，関心のある分野が書かれている章から読み進んでいただいてもいいでしょう。

　なお，本書では，法学部や法律を専門に勉強していない人を読者対象と想定して，なるべく法律専門用語などを使わないように留意して書きましたが，もし，より深く学びたいと思った場合には，各章の最後に参考文献の紹介をするコーナーがありますので，ぜひ，そちらも参考にしてください。

　2016（平成28）年からは，いよいよ18歳から選挙権が認められるようになります。あなたも私も，より良い社会を築くメンバーの1人です。「誰かがつくる社会」ではなく，「私たち自身がつくる社会」なのです。

　本書が，社会の「モノサシ」である法律のしくみについて関心を持つきっかけとなり，法的思考（リーガルマインド）の涵養（水が流れるようにゆっくり，無理のないように養い育てること）を図る一助となるならば，執筆者としては望外の幸せです。

　　　2016年1月12日　東京初雪の日に

　　　　　　　　　　　　　　　　　　　　　奥 貫 妃 文

目　　次

序――本書のトリセツ

第1章　家族の視点から見る社会……………………………003
1　データから見る今の家族……………………………003
（1）　家族構造の変化／（2）　家族生活の現状――家族と仕事

2　結婚をめぐる法律のしくみ…………………………016
（1）　結婚に対する若者の意識／（2）　結婚のルール／（3）　結婚生活のルール／（4）　夫婦の共同生活と親子／（5）　離婚のルール／（6）　離婚後の子どもの養育・教育

3　ファミリー単位？　シングル単位？………………038
　　――社会保障法から考える家族というもの
（1）　もはやおひとりさまは「特殊」じゃない？／（2）　「103万円の壁」――配偶者控除は必要？／（3）　「130万円の壁」――社会保険をどうする？／（4）　改めて「家族」と「個人」について

第2章　消費者の視点から見る社会……………………………051
1　若者の消費生活と消費者トラブル…………………051
（1）　おこづかいの使いみち／（2）　インターネット利用と消費者トラブル

2　経済社会における取引のしくみ ……………………058
　　――消費者問題の発生
（1）　くらしと経済の関わり／（2）　「消費者問題」の発生

3　取引のしくみと契約のルール ………………………063
（1）　買いものは契約／（2）　未成年者の契約と未成年者取消権

／(3)　携帯電話・スマートフォンの契約と代金の支払い

　4　取引の多様化・複雑化と契約 ……………………………… 065
　　　(1)　買いものと支払手段——電子マネーの利用状況／(2)　電子マネーのしくみと約款／(3)　電子マネーの利用規約

　5　購入後の使用と安全な使い方 ……………………………… 071
　　　——スマホの情報セキュリティ対策

　6　「消費者力」を身につけること ……………………………… 075
　　　(1)　消費者の権利／(2)　消費者トラブル・被害の発生と対応／(3)　消費生活相談

第3章　労働者の視点から見る社会 ……………………………… 087

　1　労働法ってナニ？　労働者ってダレ？ ……………………… 087
　　　(1)　「労働者はツライよ」はホント？——労働法誕生の歴史／(2)　労働法の全体像をぐるっと眺めてみると……

　2　労働者としての家族，家族としての労働者 ………………… 106
　　　(1)　「男は外，女は家」は超えられた？／(2)　戦後日本の女性労働者／(3)　ワーク・ライフ・バランス——子どものいる働く女性の専売特許？／(4)　長時間労働という「病」

　3　「お客様」と「労働者」とのカンケイ ……………………… 123
　　　(1)　「お・も・て・な・し」が労働者を抑圧する？／(2)　休みは権利だ！／(3)　労働法と「休み」——休憩時間と休日／(4)　マックの店長にも家族がある——「名ばかり管理監督者」訴訟から／(5)　ドイツが教えてくれること——閉店法がある理由

＊

あとがき　141

珈琲たいむ

血は水よりも濃い……わけではない？ 048
　〜「家族なるもの」と「家族らしきもの」〜

消費者問題って何？ 084
　〜問題を知るキッカケ〜

労働者にはパンも薔薇も大切だ 138
　〜映画「ブレッド＆ローズ」〜

「リーガル・スタディ」コトハジメ
――家族・消費者・労働者としての私たち

第1章 家族の視点から見る社会

1 データから見る今の家族

「社会」と聞くと，自分とは切り離された世界のように感じるかもしれません。しかし，人と人とがつながり合い，生活している場，それが社会です。私たちは，身のまわりで日々，起こるさまざまな出来事と関わり合い，変化にさらされながら暮らしています。その中で，家族は私たちにとり，最も身近な存在です。自分と社会との関係を，家族を通して見ることから始めましょう。

(1) 家族構造の変化

私たちにとって，家族との生活は日常生活の基礎となっています。「家族」について，皆さんは，どのような家族像を思い浮かべるでしょうか。今日では，次のように家族構造の変化をうかがわせる現象が見られます。

少子高齢化

現在，わが国は，少子化とともに，高齢化が急速に進展し，少子高齢社会を迎えています。少子化とは，出生率が低下して，家庭や社会における子どもの数が減っていくことをいうとされています。

国の統計によると，2014（平成26）年の出生率（合計特殊出生率）は1.42，出生数は100万3532人となっています。「合計特殊出生率」とは，1人の女性が一生の間に生む子どもの数を意味しています。第2次大戦後の「第1次ベビーブーム期（1947～49年）」は，出生率が4.0を超え，出生数は最高で約270万人に達しました。「第2次ベビーブーム期（1971～74年）」にも，出生数は200万人を超え，出生率は2.1程度でした。人口を維持するには，この程度の出生率の水準が必要といわれます。

　しかし，1975（昭和50）年に200万人を下回ってからは，出生数は減少し，出生率も2005（平成17）年に最低の1.26となるなど下がってきています。2006（平成18）年以降，出生率は1.3～1.4程度で推移しています。平成に入って，少子化の傾向が社会的に認識されるようになります。

　そして，高齢化が進んでいます。2015（平成27）年7月1日現在の日本の総人口は1億2695万8000人です。そのうち，65歳以上の高齢者は3365万6000人であり，総人口に高齢者が占める割合（高齢化率）は26.5％に上ります。2060（平成72）年には，高齢化率は約40％に上昇すると予想されています。

　世界の先進諸国では高齢化が進んでおり，最近のデータによると，世界で高齢化率が2割を超えているのは，日本のほか，イタリアとドイツです。日本は世界で最も高齢化率が高くなっています。今後は，先進地域だけではなく，開発途上地域においても，高齢化が進行していくと見られています。

　高齢化率について7％を超えると「高齢化社会」，14％を超えると「高齢社会」といわれます。高齢化の速度を，高齢化率が7％を超えてから，その倍の14％に達するまでにかかる時間によ

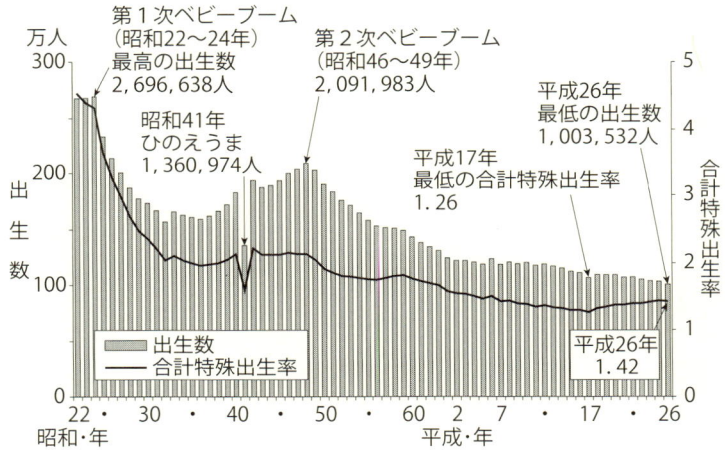

図1-1 出生数および合計特殊出生率の年次推移

(出所) 厚生労働省「平成26年人口動態統計月報年計（概数）の概況」(http://www.mhlw.go.jp/toukei/saikin/hw/jinkou/geppo/nengai14/index.html)。

って見ると，日本は，1970（昭和45）年に7％，1994（平成6）年に14％をそれぞれ超えており，24年間で高齢化率が7％から14％に達しています。これに対し，各国の状況を見ると，フランスは126年，スウェーデンは85年，ドイツは40年などとなっています。

高齢化率の高さと高齢化が進行する速度から，世界の主要国と比較して，日本では高齢化が急速に進行していることが指摘されています。

このように，出生数が減少し，高齢人口が増大して死亡数が増加することにより，人口減少の傾向が続いていくと予想されています。

第1章　家族の視点から見る社会　　005

表1-1　世帯構造別の世帯件数（推計）

(単位：千世帯)

総　数	世帯構造					
	単独世帯	夫婦のみの世帯	夫婦と未婚の子のみの世帯	ひとり親と未婚の子のみの世帯	3世代世帯	その他の世帯
50,431	13,662	11,748	14,546	3,576	3,464	3,435

（出所）　厚生労働省「平成26年　国民生活基礎調査の概況」(http://www.mhlw.go.jp/toukei/saikin/hw/k-tyosa/k-tyosa14/dl/02.pdf)。

表1-2　世帯構造別の構成割合

(単位：％)

総　数	世帯構造					
	単独世帯	夫婦のみの世帯	夫婦と未婚の子のみの世帯	ひとり親と未婚の子のみの世帯	3世代世帯	その他の世帯
100.0	27.1	23.3	28.8	7.1	6.9	6.8

（出所）　表1-1に同じ。

家族形態の変化

　これらの変化を背景として，家族形態にも変化が見られます。国の調査によると，2014（平成26）年の全国の世帯数は5043万1000世帯となっています。

　まず，世帯ごとの家族構成は，「夫婦と未婚の子のみの世帯」が1454万6000世帯（全世帯の28.8％。以下同じ）で最も多く，「単独世帯」が1366万2000世帯（27.1％），「夫婦のみの世帯」が1174万8000世帯（23.3％）と続きます。そして，「ひとり親と未婚の子のみの世帯」は357万6000世帯（7.1％），「3世代世帯」は346万4000世帯（6.9％）などとなっています。

　年ごとの変化を見ると，「単独世帯」と「夫婦のみの世帯」が

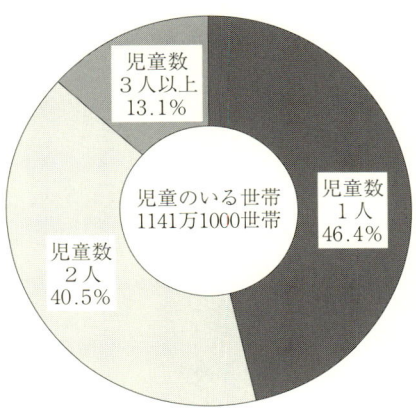

図1-2 児童のいる世帯の児童数

（出所） 厚生労働省「平成26年　国民生活基礎調査の概況」（http://www.mhlw.go.jp/toukei/saikin/hw/k-tyosa/k-tyosa14/dl/02.pdf）。

増加する一方,「夫婦と未婚の子のみの世帯」や「3世代世帯」は減少しています。「単独世帯」と「夫婦のみの世帯」は，ここ30年ほどの間に10ポイント近く増えています。

　世帯ごとの家族の人数について，2014（平成26）年は平均すると2.49人となっています。1960（昭和35）年には4.14人，1970～80年代は3人台で推移し，1990年には2.99人となり，ここ20年あまりの間は2人台と減少傾向にあります。

　次に，児童（18歳未満の未婚の者）のいる世帯について見ると，児童のいる世帯数は1141万1000世帯で，全世帯に占める割合は22.6％となっています。1986年の統計と比較すると，46.2％から22.6％にほぼ半減しています。

　児童のいる世帯の児童の数は，平均すると1.69人です。児童の

第1章　家族の視点から見る社会　　007

いる世帯のうち，児童「1人」が46.4％（529万3000世帯），「2人」が40.5％（462万1000世帯），「3人以上」が13.1％（149万7000世帯）となっています。

　これまで，わが国では，夫婦と子ども2人の4人で構成される家族を，標準的な家族形態として捉えてきました。しかし現在では，世帯の半数が「単独世帯」または「夫婦のみの世帯」となっています。そして，家族の人数も減り，家族が小規模になってきています。

未婚化・非婚化，および晩婚化の進行

　国の統計によると，2013（平成25）年の婚姻件数は64万9000組であり，婚姻率（人口1000人あたりの結婚件数）は5.2と推計されています。婚姻件数が100万組を超え，婚姻率も10.0以上であった1970年代前半以降，婚姻件数は減少しており，近年は70万件前後で推移しています。婚姻率も1970年代前半の半分程度にまで低下しています。

　その一方で，未婚化・非婚化が進行しています。最近のデータでは，男女とも25～39歳の未婚率が上昇しています。1980（昭和55）年と2010（平成22）年の調査を比較すると，男性では，35～39歳の未婚率が8.5％から35.6％に上昇し，女性では，30～34歳の未婚率が，9.1％から34.5％に上昇しています。

　生涯未婚率（50歳で未婚の人の割合）も男女ともに上昇しています。1980（昭和55）年と2010（平成22）年の調査を比較すると，男性は2.60％から20.14％に，女性は4.45％から10.61％にそれぞれ上昇しています。男性の方が大きく上昇しています。2035（平成47）年には，男性の生涯未婚率は29.0％，女性は19.2％と，さら

図1-3　年齢別未婚率の推移（男性）

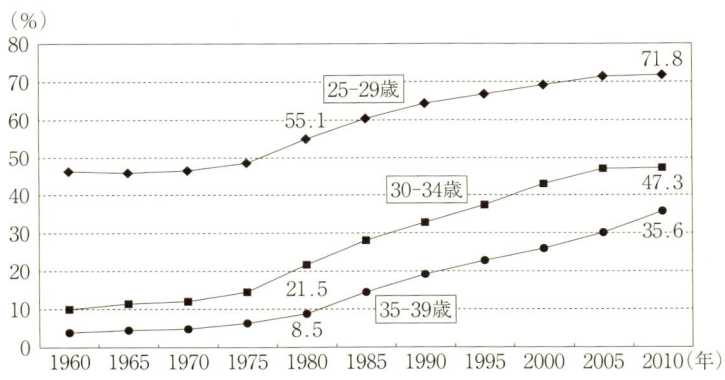

（注）　1960～70年は沖縄を含まない。
（出所）　内閣府「平成26年版　少子化社会対策白書」（http://www8.cao.go.jp/shoushi/shoushika/whitepaper/measures/w-2014/26webhonpen/index.html）。

図1-4　年齢別未婚率の推移（女性）

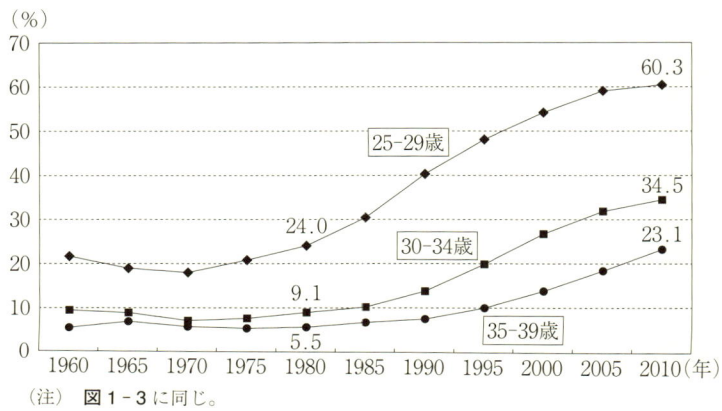

（注）　図1-3に同じ。
（出所）　図1-3に同じ。

表1-3　第1子出生時の母の平均年齢の年次推移

	昭和50年	60年	平成7年	17年	23年	24年	25年	26年
平均年齢（歳）	25.7	26.7	27.5	29.1	30.1	30.3	30.4	30.6

（出所）　厚生労働省「平成26年人口動態統計月報年計（概数）の概況」（http://www.mhlw.go.jp/toukei/saikin/hw/jinkou/geppo/nengai14/dl/gaikyou26.pdf）。

に10ポイント程度上昇すると見込まれています。

　結婚について見ると，結婚年齢（平均初婚年齢）が高くなり，晩婚化が進行しています。1980（昭和55）年の平均初婚年齢は，夫が27.8歳，妻が25.2歳であったの対し，2014（平成26）年には，夫は31.1歳，妻は29.4歳となっています。夫は3.3歳，妻は4.2歳上昇しています。

　これと並行して，子どもが出生したときの母親の平均年齢も上昇しています。第1子が出生したときの母の平均年齢は，1980（昭和55）年には26.4歳であったのが，2014（平成26）年は30.6歳と，上昇する傾向にあり，晩産化が進んでいます。第2子出生時の母の平均年齢は32.4歳，第3子は33.4歳となっています。

(2)　家族生活の現状――家族と仕事

　結婚後の生活について，「家事・育児」と「仕事」に着目しながら見てみましょう。

共働き世帯の増加

　家族の中での「家事・育児」と「仕事」の分業について，高度経済成長期以降，わが国では，夫が外で働き，妻が家事・育児を

行う(「男は仕事,女は家庭」)ことが標準的な分業形態として位置づけられてきました。

しかし,最近では,共働き世帯が増加しています。最近の調査によると,2014(平成26)年に「夫婦のいる世帯数」は2932万世帯であり,「共働き世帯数」は1097万世帯となっています。「夫が雇用者で妻が無業者の世帯数」は735万世帯です。そして,「夫婦のいる世帯」に占める「夫が雇用者で妻が無業者の世帯」の割合は25.1％です。一方,「夫婦のいる世帯」に占める「共働き世帯」の割合は37.4％となっています。

1980(昭和55)年以降,共働き世帯は年々増加しており,1997(平成9)年以降は,「共働き世帯数」が「夫が雇用者で妻が無業者の世帯数」を上回っています。

母親の就業状況の変化

出産前後の母親の就業状況について,2001(平成13)年生まれの子どもと2010(平成22)年生まれの子どもを比較した調査によると,2001年生まれの子どもの調査では,出産1年前に働いている母親は54.5％であり,子どもが2歳6か月の時点で働いている割合は35.0％です。2010年生まれの子どもについては,出産1年前に仕事をしている母親は62.1％おり,子どもが2歳6か月の時点で仕事に就いている割合は46.5％となっています。これらを比較すると,2歳6か月の時点で仕事をしている母親の割合は11.5ポイント高くなっています。

「M字カーブ」の変化

わが国の就業状態に関する調査によると,2014(平成26)年に

図1-5 女性の年齢階級別労働力率の推移

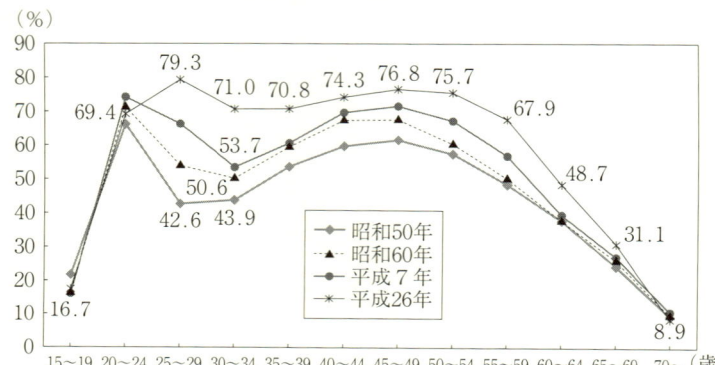

（注）「労働力率」は，15歳以上人口に占める労働力人口（就業者＋完全失業者）の割合。
（出所）内閣府「男女共同参画白書平成27年版」(http://www.gender.go.jp/about_danjo/whitepaper/h27/zentai/html/zuhyo/zuhyo01-02-01.html)。

おける女性の労働力人口（就業者と完全失業者を合わせたもの）は2824万人，労働力率（15歳以上の人口に占める労働力人口の割合）は49.2％となっています。

　年齢階級ごとの労働力率をグラフにすると，アルファベットの「M」に近いかたちになることから，このグラフの形は「M字カーブ」と呼ばれています。

　2014（平成26）年のデータでは，カーブが浅くなり，M字の底となる年齢階級は35～39歳となっています。労働力率は70.8％です。1975（昭和50）年は，25～29歳が底になっており，労働力率は42.6％です。2014（平成26）年の同階級の労働力率は79.3％に上昇しています。1985（昭和60）年と1995（平成7）年は，30～34歳が底となり，労働力率はそれぞれ50.6％，53.7％です。2014（平成26）年は71.0％となっています。40歳代以降も，各年と比較し

012

て、各年齢階級における労働力率は上昇しています。

仕事と子育ての両立

出産に伴う就労状況について見ると、出産前に仕事を持っていた妻が、出産後に継続している割合は、第1子で4割弱です。ここ20年ほどの間、育児休業を利用する割合は増加しているものの、仕事を継続する割合については、それほど変化は見られません。

その割合は就労形態によっても異なります。「正規の職員」では52.9％が仕事を継続しています。しかし、「パート・派遣」では18.0％にとどまります。

表1-4 結婚・出産前後の妻の就業継続割合、および育児休業を利用した就業継続割合

結婚年／子の出生年	結婚前後	第1子前後	（うち育児休業利用）	第1子妊娠前の従業上の地位 正規の職員	第1子妊娠前の従業上の地位 パート・派遣	第1子妊娠前の従業上の地位 自営業主・家族従業者・内職	第2子前後	（うち育児休業利用）	第3子前後	（うち育児休業利用）
1985~89年	60.3%	39.0	(9.3)	40.4 (13.0)	23.7 (2.2)	72.7 (3.0)	―	―	―	―
1990~94年	62.3	39.3	(13.0)	44.6 (19.9)	18.2 (0.5)	81.7 (4.3)	81.9	(16.3)	84.3	(17.6)
1995~99年	65.1	38.1	(17.6)	45.5 (27.8)	15.2 (0.8)	79.2 (0.0)	76.8	(28.8)	78.1	(19.1)
2000~04年	70.9	39.8	(22.0)	51.6 (37.0)	17.6 (2.0)	69.6 (2.2)	79.4	(34.3)	78.4	(28.4)
2005~09年	70.5	38.0	(24.2)	52.9 (43.1)	18.0 (4.0)	73.9 (4.3)	72.8	(40.5)	82.9	(28.5)

（注）結婚前・妊娠時に就業していた妻に占める結婚後・出産後に収入を継続していた妻の割合。（　）内は育児休業制度を利用して休業を継続した割合を示す。
（出所）国立社会保障・人口問題研究所「第14回出生動向基本調査」(http://www.ipss.go.jp/ps-doukou/j/doukou14/doukou14.pdf)。

第1章　家族の視点から見る社会　　013

表1-5 行動の種類別生活時間の推移（平成8～23年）

(時間, 分)

	夫				妻			
	平成8年	平成13年	平成18年	平成23年	平成8年	平成13年	平成18年	平成23年
1次活動	10.01	10.01	10.04	9.56	10.16	10.14	10.20	10.28
2次活動	9.08	9.23	9.36	10.02	8.55	9.01	9.11	9.24
仕事等	8.30	8.34	8.37	8.54	1.17	1.21	1.43	1.42
家事関連	0.38	0.48	1.00	1.07	7.38	7.41	7.27	7.41
家事	0.05	0.07	0.10	0.12	4.08	3.53	3.35	3.35
介護・看護	0.01	0.01	0.01	0.00	0.03	0.03	0.03	0.03
育児	0.18	0.25	0.33	0.39	2.43	3.03	3.09	3.22
買い物	0.14	0.15	0.16	0.16	0.44	0.42	0.40	0.41
3次活動	4.51	4.36	4.19	4.02	4.49	4.45	4.29	4.08

(注) 週全体，夫婦と子どもの世帯のうち6歳未満の子どもがいる夫・妻。
(出所) 総務省「平成23年社会生活基本調査」(http://www.stat.go.jp/data/shakai/2011/pdf/gaiyou2.pdf)。

夫婦と子どもの世帯の生活時間に関する調査によると，「共働き世帯」の夫と妻の家事・育児関連時間（「家事」，「介護・看護」，「育児」，「買い物」）については，2011（平成23）年は，夫の1日あたりの家事時間は12分，妻は3時間27分となっています。過去25年間のデータを見ると，夫の家事時間は増加し，妻は減少する傾向にあります。同様に，育児時間は夫が12分，妻が45分です。夫と妻ともに増加しています。

さらに，6歳未満の子どもがいる世帯について，2011（平成23）年の家事関連

図1-6　6歳未満の子どもを持つ夫の家事・育児関連時間
（1日あたり，国際比較）

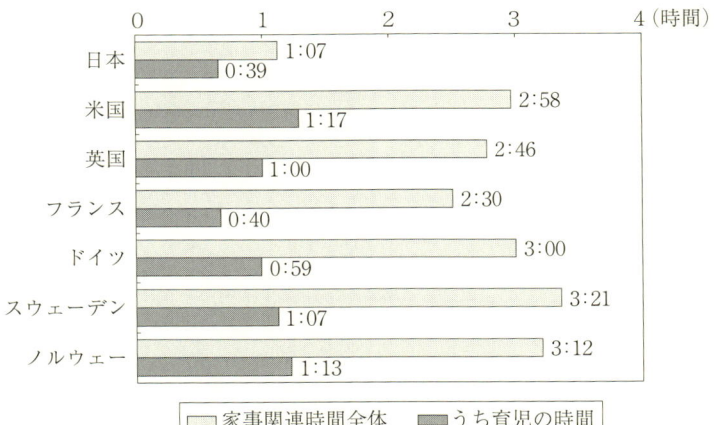

（注）　日本の数値は，「夫婦と子どもの世帯」に限定した夫の1日あたりの「家事」，「介護・看護」，「育児」および「買い物」の合計時間（週全体平均）である。
（出所）　内閣府「男女共同参画白書平成27年版」（http://www.gender.go.jp/about_danjo/whitepaper/h27/zentai/html/zuhyo/zuhyo01-03-06.html）。

時間は，夫が1時間7分，妻が7時間41分となっています。このうち，育児時間は，夫が39分，妻が3時間22分です。過去15年間のデータを比較すると，夫の家事関連時間は増加し，妻の家事関連時間は増減する中で，家事時間は減少し，育児時間は増加する傾向が見られます。

　夫の家事関連時間について，主要国と比較すると，スウェーデンは，1日あたりの家事関連時間は3時間21分，そのうち育児時間は1時間7分となるなど，家事関連時間は3時間程度，育児時間は1時間程度となっています。日本の家事関連時間はその3分の1，育児時間は3分の2程度です。

夫が家事・育児に費やす時間の長さが、子どもの数に影響を与えるという調査結果も見られることから、各国と比較して低い水準にある夫の家事・育児時間の改善は課題でしょう。

2　結婚をめぐる法律のしくみ

現在の法律のモデルとなる家族像について、夫婦とその間の未成熟の子を、「家族」の基本的な単位としています。結婚が家族関係の始まりです。これから家族を持つ若者にとって「結婚すること」とは、どのようなことでしょうか。今日の若者の結婚に対する見方や考え方を捉えながら、結婚に関するルールを見ていきましょう。

(1) 結婚に対する若者の意識
結婚に対する社会の意識

今日では、結婚に対する社会の意識が多様化しているといわれます。

男女共同参画社会に関する国民の意識調査によると、「結婚は個人の自由であるから、結婚してもしなくてもどちらでもよい」という考え方について、2009 (平成21) 年の調査では、「賛成」という回答が48.0％で、「どちらかといえば賛成」が22.0％となっており、合わせて70.0％が「賛成」と回答しています。「どちらかといえば反対」は16.9％、「反対」が11.1％で、これを合わせると「反対」は28.0％です。過去の調査結果と比較してみると、1992 (平成4) 年は、「賛成」が62.7％（「賛成」30.9％＋「どちらかといえば賛成」31.8％）であり、7ポイント程度増加しています。

図1-7 「結婚は個人の自由であるから，結婚してもしなくてもどちらでもよい」という考え方について

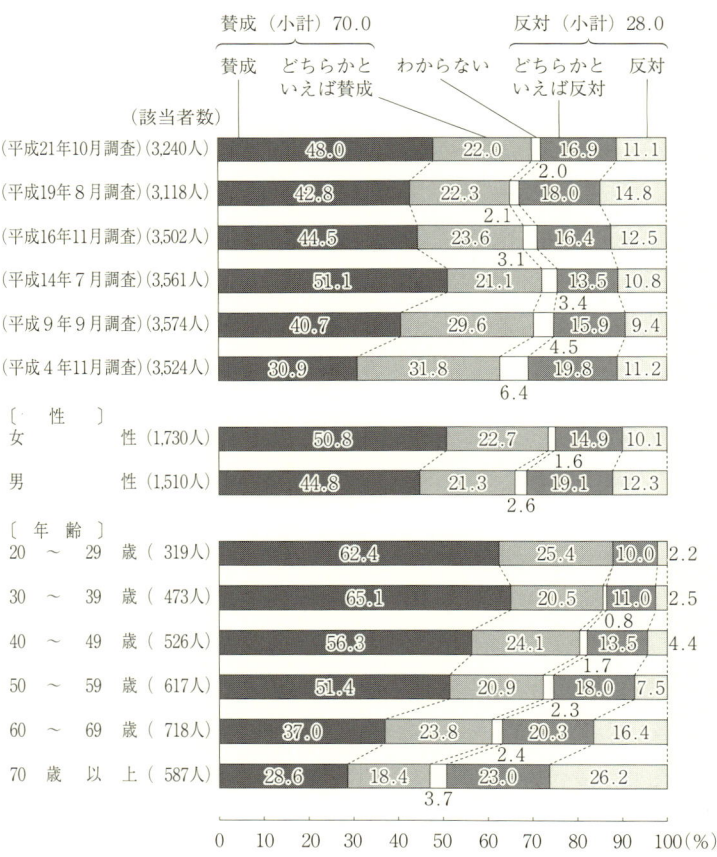

(出所) 内閣府「男女共同参画社会に関する世論調査」(平成21年)(http://survey.gov-online.go.jp/h21/h21-danjo/index.html)。

　年齢別に見ると，「賛成」と回答する割合は，20歳代が62.4％，30歳代は65.1％，そして40歳代で56.3％と高くなっています。「どちらかといえば賛成」という回答と合わせると，20歳代と30

第1章　家族の視点から見る社会　　017

歳代では、9割近くが「賛成」と回答しています。一方、「反対」と回答する割合は、60歳代と70歳以上で高くなっています。60歳代では「どちらかといえば反対」が20.3％、「反対」が16.4％であり、70歳以上では「反対」が26.2％、「どちらかといえば反対」が23.0％です。

若い世代の結婚観

それでは、若い世代は、自身の結婚についてどのように考えているのでしょうか。

結婚と出生に関する調査によると、未婚者の結婚に関する意欲について、2010（平成22）年の調査では、男性が86.3％、女性は89.4％が「いずれ結婚するつもり」と回答しており、9割弱が結婚する意思を持っています。これに対し、「一生結婚するつもりはない」と回答する割合は、男性が9.4％、女性は6.8％で、過去の調査と比較すると若干、割合が高くなっています。

そして、結婚意思を持つ未婚者が、結婚についてどのような考え方を持っているかを聞いたところ、2010（平成22）年の調査では、「ある程度の年齢までには結婚するつもり」という回答が、男性は56.9％、女性は58.4％と過半数を占めています。「理想の結婚相手が見つかるまでは結婚しなくてもかまわない」という回答は、男性が42.4％、女性が40.5％となっています。

1987（昭和62）年の調査では、男性の60.4％、女性は54.1％が同様の回答となっていましたが、1990年代から2000年代初めにかけては、その割合が低下し、2000年代以降は、その割合が増加しています。1980年代後半から1990年代に、日本経済がバブル景気といわれ、好景気だった時代に就職した世代が30歳前後で

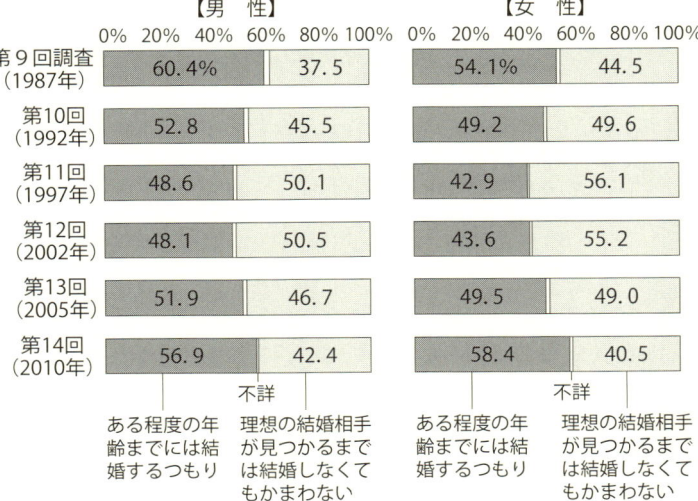

図1-8 調査別に見た，結婚意思を持つ未婚者の結婚に対する考え方

(注) 対象は「いずれ結婚するつもり」と答えた18〜34歳の未婚者。
(出所) **表1-4**に同じ(http://www.ipss.go.jp/ps-doukou/j/doukou14_s/chapter1.html#11)。

あった時期は，結婚内容にこだわる人の割合が多く，2000年代に入り，結婚すること自体を重視する傾向が強くなっていることによると考えられています。

　希望する結婚年齢については，男女とも上昇しています。2010（平成22）年の調査では，18〜34歳の未婚者の平均希望結婚年齢は，男性が30.4歳，女性は28.4歳となっています。1987（昭和62）年の調査では，男性は28.4歳，女性は25.6歳でしたので，ここ20年あまりの間に，男性は2歳，女性は約3歳，希望年齢が上昇しています。

結婚相手に求める条件

　結婚する意思のある未婚者が結婚相手に求める条件について，前述の結婚と出生に関する調査によると，2010（平成22）年の調査では，男女とも「人柄」を重視または考慮する割合が95％以上と最も高くなっています。「家事・育児に対する能力や姿勢」と「自分の仕事に対する理解と協力」についても，男女ともに，重視または考慮する割合が9割程度となっています。

　「家事・育児に対する能力や姿勢」については，1997（平成9）年の調査と比べると，男女ともに，6ポイント程度増加し，9割を超えます。特に，「重視する」割合が，男性は約12ポイント，女性は約19ポイント増加しています。

　このほか，「容姿」，「共通の趣味の有無」について，男女とも，考慮・重視する割合が7割を超えます。

　さらに女性が結婚相手に求める条件に関しては，「経済力」を重視・考慮する割合が9割を超え，「職業」が同様に8割を超えており，過去の調査結果よりも増加しています。

(2) 結婚のルール

「結婚する」とは

　法律上，夫婦になることを「婚姻」といいます。法律上，正式の夫婦となるための要件として，夫婦として共同生活を送ろうとする男女の，お互いの意思が一致することが必要です。どちらかが同意しなければ，婚姻は成立しません。そして，婚姻届を提出することが必要です。いわゆる法律婚とは，このような方式を踏むことにより成立する婚姻関係のことをいいます。

図1-9 婚姻届の様式

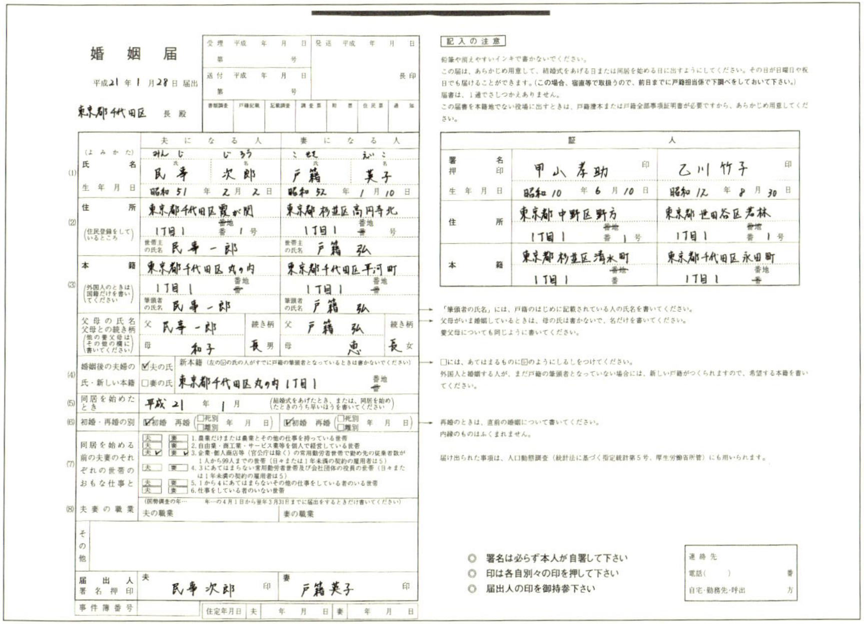

(出所) 法務省 HP (http://www.moj.go.jp/ONLINE/FAMILYREGISTER/5-2.html)。

「婚姻障害」とは

　それ以外に，結婚が成立するためには，次のような要件を満たす必要があります。これらの要件を満たさないと結婚できないという意味で「婚姻障害」と呼ばれます。第1に，法律上，結婚できる年齢が定められています。男性は満18歳，女性は満16歳にならなければ結婚することはできません。第2に，重婚は禁止されています。すでに結婚している人が，重ねて他の人と結婚することはできません。これは「一夫一婦制」という原則に基づいています。第3に，前婚の解消・取消から6か月以内の場合，結婚（再婚）することはできません。これを再婚禁止期間といいます。女性のみに該当します。第4に，近親婚は禁止されます。一定範囲の親族関係にある人たちの間では結婚することができません。第5に，未成年の子が結婚するには，父母の同意を得ることが必要です。

未成年者の結婚と成年擬制

　未成年者が結婚すると，その効果として，成年者として扱われることになります。未成年者の間は親のもとで生活します。これを「親権」に服するといいます。しかし，結婚後は，夫婦は独立して共同生活を行いますので，親から独立し，親権を脱することになります。生活上，契約を結ぶときにも親の同意は不要となります。未成年者である間に離婚しても，もはや未成年者に戻ることはありません。

　そして，子どもが生まれれば，夫婦は，子どもの親として，子どもを養育・教育します。すなわち，親権を持つことになります。

　一方，未成年である女性が，結婚しないで子どもを出産した場

合，その母となる女性には成年擬制は働きません（法律上，結婚が成立していないためです）。そのため，生みの母であっても親権を持つことはできません。この場合，その父母が親権を代わりに行います。法的に見ると，子どもが子どもを育てることはできないためです。

(3) 結婚生活のルール

　婚姻が成立すると，夫婦は新たな家族として，独立して共同生活を送ることになります。生活に関することは，自分たちで自由に決めることであり，そもそも法が関与するところではありません。しかし，家庭生活を健全なものとするために，夫婦になったことから生じる義務や生活する上で守られるべき義務について法律に定めています。わが国の家族に関する制度は，民法という法律により定められています。

夫婦同氏の原則

　夫婦は同じ氏を名乗ります。結婚するときに，夫か妻のどちらかの姓を選び，婚姻届に記載します。第3の姓は認められません。法律上は，姓を決める基準・方法に決まりはありません。しかし現状では，夫の姓を選択する割合がきわめて高く，調査データによると，2014（平成26）年は96.1％となっています。この規定が憲法違反かどうかが争われた訴訟で，2015（平成27）年12月に最高裁判所は，家族の呼称としての意義や機能から，夫婦同氏制の合理性を認め，合憲と判断しました。しかし，女性の社会進出が進み，結婚前からの社会生活を結婚後も継続する女性が増加し，本人を識別するために，結婚前の姓を使用することの必要性や合

理性が増しているとの指摘があります。婚姻前の姓を通称として使用するのでは，本人であることを識別することが難しいためです。

　離婚した場合は，原則として改氏した側は元の氏に戻ることになります。届出を行い，結婚中の氏を名乗り続けることもできます（婚氏続称）。

結婚生活上の義務

　結婚生活を送る上で，夫婦は同居し，協力し，扶助し合わなければなりません。どこに住み，どのように家事・育児を分担し，経済的な基盤をいかにつくるか，といった事柄について，包括的な義務が定められています。もっとも，具体的な内容は，当事者の話し合いによって決めることになります。

　結婚生活の本質は，夫婦の共同生活であることから，同居義務が定められています。協力義務は，共同生活を維持するために，夫婦が互いに協力し合う義務です。夫婦間の扶助義務とは，相手に自分の生活と同等の生活を保障する義務です。これを「生活保持義務」といいます。その他，明文上の規定はありませんが，夫婦の人格的な結びつきと性的な結合という観点から，貞操義務を負います。これらの義務違反は離婚原因となります。

夫婦の経済関係

　夫婦は互いの協力により，結婚生活における経済的基盤を形成し，維持します。夫婦の財産関係に関する制度として，夫婦財産契約があり，夫婦は結婚前に契約により夫婦の財産関係について取り決めることができます。しかし，この制度はほとんど利用さ

れていません。契約を結ばない場合は，法定財産制の各規定によります。

　法定夫婦財産制により，結婚後も，夫婦はそれぞれの財産を持ち，自分の財産は自分で管理します。これを夫婦別産制といいます。したがって，結婚前から所有していた財産や結婚後に自己の名で得た財産は，各自の財産となります。

　一方，夫婦の共同生活を営むための費用（衣食住に関わる費用，子どもの教育費など）は，資産，収入などを考慮して，夫婦間で分担します。これを「婚姻費用」といいます。夫婦が共働きで，収入に応じて分担額を決めることや，夫が全額負担し，妻は家事・育児を行うといった分担の仕方もあるでしょう。

　そして，日常の家事に関する契約について，夫婦の一方が負担した債務は，第3者に対し，連帯して責任を負います。これを「日常家事債務の連帯責任」といいます。日常の家事に関する契約とは，たとえば，食料品の購入や，電気・ガス・水道の利用，医療，子どもの教育関連の契約といったものです。その支払いについては，共同生活に必要な費用として，夫婦の連帯責任となります。

家計収支の状況

　1か月の生活費として，どの程度かかるのでしょうか。総務省「家計調査」のデータを見てみましょう。2014（平成26）年の家計収支の状況について，「勤労者世帯」（その世帯の家計の主たる収入を得ている人が企業，行政機関等に雇用されている世帯）では，実収入は46万8367円であり，生活費としてかかる費用（消費支出）は28万809円となっています。実収入には，世帯主以外の収入も含ま

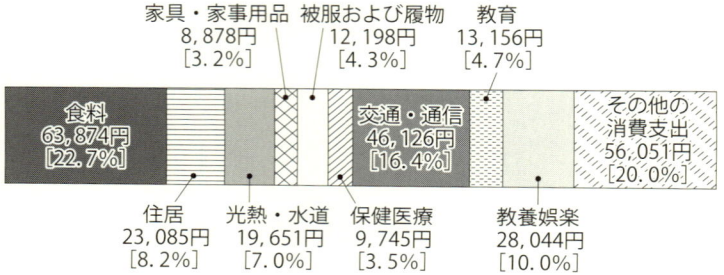

図1-10 2014（平成26）年の家計収支の状況（消費支出）

（注） 1世帯あたり1か月平均の消費支出。
（出所） 総務省「家計調査」(http://www.stat.go.jp/data/kakei/2014np/gaikyo/pdf/gk03.pdf)。

れます。世帯人員の平均は2.74人です。世帯主の平均年齢は46.4歳です。

性別役割分担に対する意識の変化

　夫婦は，生活上，分業的に役割を果たします。前述のように，これまで「男は仕事，女は家庭」という分業形態が標準的なものとされてきました。最近ではどのように捉えられているのでしょうか。女性の活躍推進に関する国民の意識調査によると，「夫は外で働き，妻は家庭を守るべきである」という考え方に対する意識について，2014（平成26）年の調査では，「賛成」が44.6％（「賛成」12.5％＋「どちらかといえば賛成」32.1％），「反対」は49.4％（「どちらかといえば反対」33.3％＋「反対」16.1％）となっています。1992（平成4）年の調査では，「賛成」は60.1％（「賛成」23.0％＋「どちらかといえば賛成」37.1％），「反対」は34.0％（「どちらかといえば反対」24.0％＋「反対」10.0％）であり，これと比較すると，2014（平成26）年には「反対」が15.4ポイント上昇しています。

図1-11 「夫は外で働き，妻は家庭を守るべきである」という考え方に対する意識

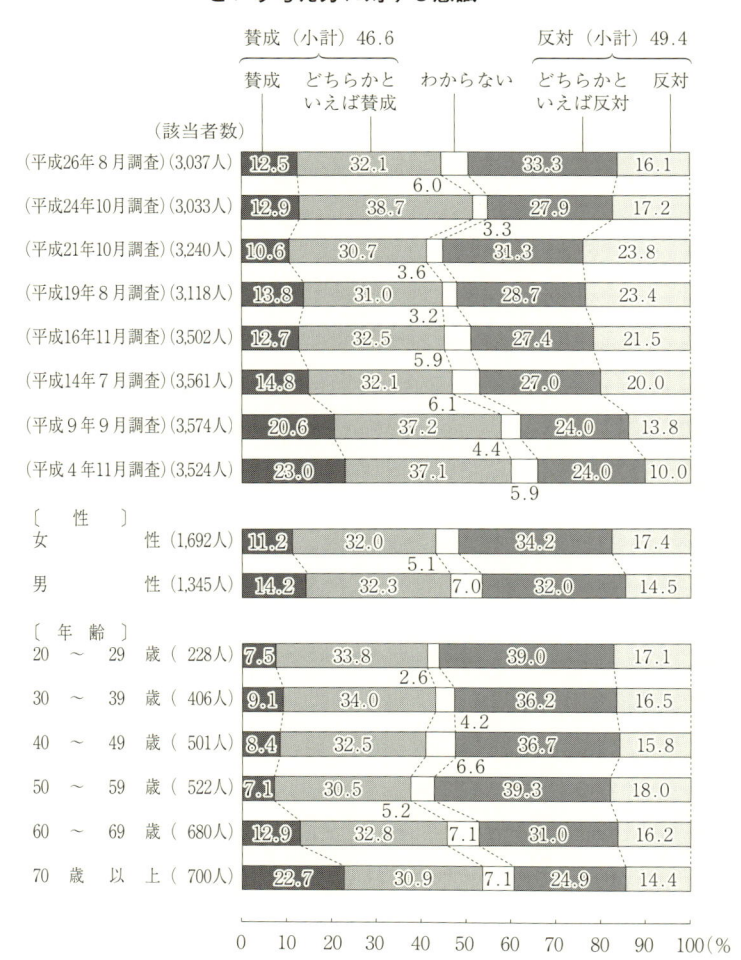

賛成（小計）46.6　　反対（小計）49.4

凡例：賛成｜どちらかといえば賛成｜わからない｜どちらかといえば反対｜反対

区分 (該当者数)	賛成	どちらかといえば賛成	わからない	どちらかといえば反対	反対
（平成26年8月調査）(3,037人)	12.5	32.1	6.0	33.3	16.1
（平成24年10月調査）(3,033人)	12.9	38.7	3.3	27.9	17.2
（平成21年10月調査）(3,240人)	10.6	30.7	3.6	31.3	23.8
（平成19年8月調査）(3,118人)	13.8	31.0	3.2	28.7	23.4
（平成16年11月調査）(3,502人)	12.7	32.5	5.9	27.4	21.5
（平成14年7月調査）(3,561人)	14.8	32.1	6.1	27.0	20.0
（平成9年9月調査）(3,574人)	20.6	37.2	4.4	24.0	13.8
（平成4年11月調査）(3,524人)	23.0	37.1	5.9	24.0	10.0

〔性〕
	賛成	どちらかといえば賛成	わからない	どちらかといえば反対	反対
女性 (1,692人)	11.2	32.0	5.1	34.2	17.4
男性 (1,345人)	14.2	32.3	7.0	32.0	14.5

〔年齢〕
	賛成	どちらかといえば賛成	わからない	どちらかといえば反対	反対
20～29歳 (228人)	7.5	33.8	2.6	39.0	17.1
30～39歳 (406人)	9.1	34.0	4.2	36.2	16.5
40～49歳 (501人)	8.4	32.5	6.6	36.7	15.8
50～59歳 (522人)	7.1	30.5	5.2	39.3	18.0
60～69歳 (680人)	12.9	32.8	7.1	31.0	16.2
70歳以上 (700人)	22.7	30.9	7.1	24.9	14.4

（出所）内閣府「女性の活躍推進に関する世論調査」（平成26年）（http://survey.gov-online.go.jp/h26/h26-joseikatsuyaku/index.html）。

第1章　家族の視点から見る社会

性別に見ると、「反対」の割合は女性で高く、半数を超えます（「どちらかといえば反対」34.2％＋「反対」17.4％）。年齢別に見ると、「賛成」の割合は70歳以上で高く、「どちらかといえば賛成」が30.9％、「賛成」が22.7％で合わせると、53.6％になります。これに対し、「反対」の割合は、20歳代で56.1％（「どちらかといえば反対」39.0％＋「反対」17.1％）、50歳代では57.3％（「どちらかといえば反対」39.3％＋「反対」18.0％）とそれぞれ高くなっています。このように、性別役割分担に対する意識は変わってきています。

(4) 夫婦の共同生活と親子

　夫婦は、子どもの養育・教育という側面にも共同して関わります。子どもから見ると、誰が親なのかということが、自らの生活環境や成長の過程を決定づけることになります。「子は親を選べない」といいます。それでは、生まれてきた子は、誰と親子関係に立ち、育てられるのでしょうか。

親子関係の成立

　親子関係はどのように生じるのでしょうか。母と子の親子関係は、分娩の事実により、発生します。一方、父と子の親子関係については、結婚から必然的に生じる関係とされます。「妻が婚姻中に懐胎した子は、夫の子と推定する」という民法の規定により、結婚している女性が妊娠（懐胎）した子は、夫が父となります。夫婦には貞操義務があり、妻の生んだ子の父は夫である可能性が高いことや、父子関係を速やかに確定することが、子の福祉にかなうと考えられるためです。2014（平成26）年の最高裁判所の判決では、この規定の考え方として、DNA検査といった科学的証

拠により血縁関係が否定されても、父子関係を取り消すことはできないと判断しています。

子どもを育てるとは——親権

親は、子どもの成長を見守り、育てます。親には「親権」があり、子どもの養育・教育について責任を負っています。親権とは、子を監護・教育する権利義務のことをいいます。未成年の子が親権に服します。子どもが生まれてから成人するまで、親は、生活全般の面倒を見、人格的成長を支えます。親は、子どもを養育・教育する第一義的責任を負っています。

親権は、結婚中は父母が共同で行使します。これを親権共同行使の原則といいます。離婚した場合は、父母のどちらか一方を親権者とします。

親権の内容として、身上監護権と財産管理権が定められています。身上監護権として3つの権限が親に与えられています。1つ目は、居所指定権です。親は、子どもの生活場所を決める権限を持ちます。2つ目は、懲戒権です。親は子どものしつけを行います。ただし、「子の利益のために」行われる子の監護・教育に必要な範囲内に限られます。3つ目は、職業許可権です。親は、子どもの職業について決める権限を持ちます。

親権を失う場合、親権が停止される場合

近年、子どもに対する虐待が社会問題となっています。子どものしつけについて、親の権利を主張して行きすぎれば、虐待につながります。「身体的虐待」(殴る、蹴る、激しく揺さぶるなど)、「性的虐待」(性的行為を強制するなど)、「ネグレクト(養育放棄)」(適切

な食事を与えない，風呂に入れない，家に閉じ込める，重大な病気になっても病院に連れて行かないなど)，「心理的虐待」(言葉で脅す，無視する，心を傷つけることを繰り返し言うなど)といった行為が児童虐待に当たります。2014 (平成26) 年度に児童相談所が対応した児童虐待に関する相談は8万8931件に上ります。2000 (平成12) 年には児童虐待防止法が制定され，子どもに対する虐待は禁止されています。この法律では，学校の教職員や医師などによる早期発見の努力義務，発見者の通報義務，虐待を受けた子どもの保護のための措置などについて定めています。

　このように，親権の行使が適切に行われず，子の利益を著しく害するときは，子どもの親族などが家庭裁判所に申し立てることにより，親権を失わせることができる「親権喪失」という制度があります。

　このほかに，最近の民法改正により，新たに導入された制度として，「親権停止」制度があります。親権の行使が適切ではなく，子の利益を害するときは，最長2年間，親権を制限することができます。家庭裁判所は，親権停止の原因が消滅するまでに必要と見込まれる期間，子どもの心身の状態，生活の状況等などの一切の事情を考慮して，親権を停止する期間を定めます。

　期限を設けないで親権をすべて失わせる親権喪失の制度は，親子関係を取り戻せなくなるおそれがあるという指摘があり，この制度によって親権を制限をするのは難しいといわれてきました。親権の停止制度の場合，虐待をした親の親権を一時的に制限し，その間に親や家庭環境の改善を図り，その後の対応を考えることができます。

図1-12 児童相談所での児童虐待相談対応件数

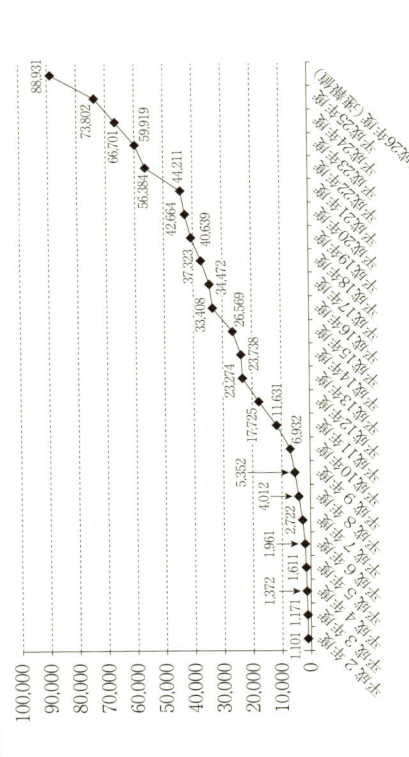

年　度	平成16年度	平成17年度	平成18年度	平成19年度	平成20年度	平成21年度	平成22年度	平成23年度	平成24年度	平成25年度	平成26年度(速報値)
件　数	33,408	34,472	37,323	40,639	42,664	44,211	＊56,384	59,919	66,701	73,802	88,931
対前年度比	125.7%	103.2	108.3	108.9	105.0	103.6	—	—	111.3	110.6	120.5

（注）＊ 平成22年度の件数は、東日本大震災の影響により、福島県を除いて集計した数値である。
（出所）厚生労働省「児童相談所での児童虐待相談対応件数」（2015年）（http://www.mhlw.go.jp/stf/houdou/0000099975.html）。

(5) 離婚のルール

「離婚する」とは

　結婚は夫婦となり，家族をつくる手続でした。これに対し，離婚は，夫婦関係を解消する手続です。離婚すると，夫婦の共同生活は終わります。結婚するのが自由であるように，離婚をするのも自由です。夫婦関係を解消する意思が夫婦間で一致し，離婚届を提出することにより，離婚が法的に成立します。これを「協議離婚」といいます。

　2013（平成25）年のデータによると，わが国における離婚件数23万1383件のうち，協議離婚は20万1883件であり，全体の87.3％となっています。このほか，家庭裁判所の手続による離婚として，次に見る調停による離婚が2万3025件で11.4％，裁判による離婚が2783件で1.2％などとなっています。

離婚に関する家庭裁判所の手続——離婚調停

　離婚について夫婦間で話し合いをしてもまとまらないときや，話し合いができないときは，家庭裁判所の手続を利用することができます。ただし，すぐに裁判を行うわけではありません。まず，調停手続を申し立てます。これは，「調停前置主義」という考え方によります。

　離婚調停では，裁判官と市民から選ばれた調停委員で構成される調停委員会が関わり，夫婦双方から事情を聞き，離婚するかどうかについて話し合います。離婚後の未成年の子の親権者を誰にするかなど，子どものことや，夫婦の財産に関することなどを話し合うこともできます。夫婦間の争いごとを双方が納得して解決できるように手続が進められます。話し合いがまとまれば，調停

図1－13　離婚届の様式

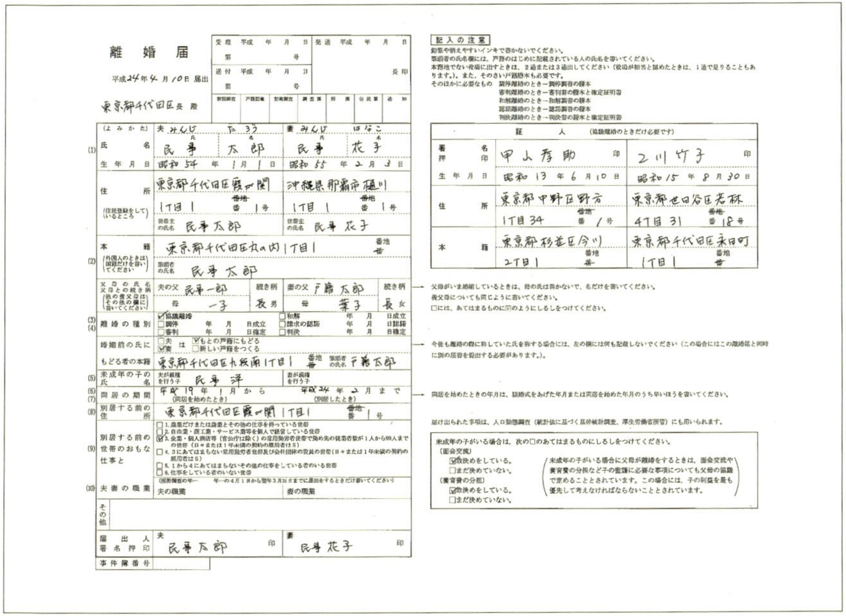

離婚届

受理 平成　年　月　日 第　号	発送 平成　年　月　日
送付 平成　年　月　日 第　号	長印
書類調査 戸籍記載 記載調査 調査票 附票 住民票 通知	

平成24年4月10日届出

東京都千代田区長殿

		夫	妻
(1)	(よみかた)	みんじ　たろう	みんじ　はなこ
	氏名	民事　太郎	民事　花子
	生年月日	昭和54年1月1日	昭和55年2月3日
	住所（住民登録をしているところ）	東京都千代田区霞が関 1丁目1番1号	沖縄県那覇市樋川 1丁目1番1号
		世帯主の氏名 民事太郎	世帯主の氏名 民事花子
(2)	本籍（外国人のときは国籍だけを書いてください）	東京都千代田区丸の内1丁目1番地	
		筆頭者の氏名 民事太郎	
	父母の氏名 父母との続き柄（他の養父母はその他の欄に書いてください）	夫の父 民事一郎 母 一子 続き柄 長男	妻の父 戸籍太郎 母 菜子 続き柄 長女
(3)(4)	離婚の種別	☑協議離婚 □調停　年　月　日成立 □審判　年　月　日確定	□和解　年　月　日成立 □請求の認諾　年　月　日認諾 □判決　年　月　日確定
	婚姻前の氏にもどる者の本籍	□夫 ☑妻 は ☑もとの戸籍にもどる □新しい戸籍をつくる	
		東京都千代田区九段南1丁目1番地 筆頭者の氏名 戸籍太郎	
(5)	未成年の子の氏名	夫が親権を行う子 民事洋	妻が親権を行う子
(6)(7)	同居の期間	平成19年1月から（同居を始めたとき）	平成24年2月まで（別居したとき）
(8)	別居する前の住所	東京都千代田区霞が関1丁目1番1号	
(9)	別居する前の世帯のおもな仕事と	□1. 農業だけまたは農業とその他の仕事を持っている世帯 □2. 自由業・商工業・サービス業等を個人で経営している世帯 ☑3. 企業・個人商店等（官公庁は除く）の常用勤労者世帯で勤め先の従業者数が1人から99人までの世帯（日々または1年未満の契約の雇用者は5） □4. 3にあてはまらない常用勤労者世帯及び会社団体の役員の世帯（日々または1年未満の契約の雇用者は5） □5. 1から4にあてはまらないその他の仕事をしている者のいる世帯 □6. 仕事をしている者のいない世帯	
(10)	夫妻の職業	（国勢調査の年…　年…の4月1日から翌年3月31日までに届出をするときだけ書いてください） 夫の職業	妻の職業
	その他		
	届出人署名押印	夫 民事太郎 印	妻 民事花子 印
	事件簿番号		

記入の注意

鉛筆や消えやすいインキで書かないでください。

筆頭者の氏名欄には、戸籍のはじめに記載されている人の氏名を書いてください。

本籍地でない役場に出すときは、2通または3通出してください（役場が相当と認めたときは、1通で足りることもあります。）。また、そのさい戸籍謄本も必要です。

そのほかに必要なもの　調停離婚のとき－調停調書の謄本
審判離婚のとき－審判書の謄本と確定証明書
和解離婚のとき－和解調書の謄本
認諾離婚のとき－認諾調書の謄本
判決離婚のとき－判決書の謄本と確定証明書

証人	（協議離婚のときだけ必要です）	
署名押印	甲山彦助 印	乙川竹子 印
生年月日	昭和13年6月10日	昭和15年8月30日
住所	東京都中野区野方 1丁目34番1号	東京都世田谷区若林 4丁目31番18号
本籍	東京都杉並区今川 2丁目1番地	東京都千代田区永田町 1丁目1番地

→ 父母がいま婚姻しているときは、母の氏は書かないで、名だけを書いてください。
養父母についても同じように書いてください。
□には、あてはまるものに☑のようにしるしをつけてください。

→ 今後も離婚の際に称していた氏を称する場合には、左の欄には何も記載しないでください（この場合にはこの離婚届と同時に別の届書を提出する必要があります。）。

→ 同居を始めたときの年月は、結婚式をあげた年月または同居を始めた年月のうち早いほうを書いてください。

届け出られた事項は、人口動態調査（統計法に基づく基幹統計調査、厚生労働省所管）にも用いられます。

未成年の子がいる場合は，次の□のあてはまるものにしるしをつけてください。
（面会交流）
☑取決めをしている。
□まだ決めていない。
（養育費の分担）
☑取決めをしている。
□まだ決めていない。

（未成年の子がいる場合に父母が離婚をするときは，面会交流や養育費の分担など子の監護に必要な事項についても父母の協議で定めることとされています。この場合には，子の利益を最も優先して考えなければならないこととされています。）

（出所）法務省 HP（http://www.moj.go.jp/ONLINE/FAMILYREGISTER/5-3.html）。

は終わります（調停成立）。わずかな相違によって話し合いがまとまらない場合，裁判所が当事者のさまざまな事情を考慮して職権で審判を行い，解決を図る場合があります（調停に代わる審判）。そして，話し合いがまとまらず，調停が成立しなかった場合（調停不成立）は，改めて，裁判所に訴訟を提起することになります。

　2014（平成26）年度の司法統計によると離婚調停の申立件数は4万4407件あり，調停離婚が成立した件数は2万2019件（申立件数の50.0％），調停不成立は1万430件（同23.5％）などとなっています。

離婚後の生活

　離婚により夫婦関係は解消されます。これとともに夫婦の共同生活は終了します。夫婦関係を解消することにより，次のような効果が発生します。

　第1に，夫婦はそれぞれ再婚することができます。未成年者が離婚した場合は，親の同意なく再婚できます。女性については，離婚後6か月は再婚ができません（待婚期間）。ただし，2015（平成27）年12月の最高裁判決により，生まれた子の父親を特定するのに（父性の推定），100日を超える部分については合理性がなく，違憲であると判断しました。今後，法律の改正が行われる見通しです。

　第2に，結婚によって親族（「姻族」といいます）となった，それぞれの親などとの親族関係はなくなります。

　第3に，結婚時に改氏した側は，離婚により，結婚前の氏に戻ります。前述のように，届け出ることにより，結婚中の氏を名乗り続けることができます。

第4に，夫婦の財産関係について，婚姻費用の分担義務や日常の家事に関する債務の連帯責任はなくなります。そして，一方から他方に対して財産分与を求めることができます（財産分与請求権）。結婚中に夫婦で協力して築いた財産を，それぞれの協力や貢献に応じた持ち分に基づいて分配します。

(6) 離婚後の子どもの養育・教育

　離婚しても親子関係自体は変わりません。しかし，親権の行使については変更があります。結婚中は親権を夫婦が共同で行使していました。しかし，離婚後は父母のどちらか一方が親権者として親権を行使することになります。共同で行うことはできません。父母が協議上の離婚をするときは，話し合いにより，一方を親権者と定めます。子の監護については，監護者を定めることができます。親権者にならない親は，監護者として子どもの養育を行うことができます。さらに，最近の法改正により，親子の面会交流，養育費の分担について定めることが，「子の監護について必要な事項」の具体例として明示されています。これらを定めるには，子の利益を最も優先して考慮しなければなりません。

　現在の離婚届には，面会交流と養育費の分担について，取り決めをしているかどうかをチェックする欄が設けられています。様式が変更された2012（平成24）年4月から12月までのチェック状況を調査した結果によると，協議離婚の届出件数のうち，面会交流について75.4％がチェックしています。内訳は，取り決めを「している」割合が53.4％，「していない」割合が21.2％です。養育費については，75.1％にチェックがあり，取り決めを「している」割合が54.1％，「していない」割合が21.1％です。いずれも，

取り決めをしているのは半数程度です。

　その前年度（2001年度）に行われた，面会交流や養育費に関する取り決めの状況に関する調査によると，面会交流の取り決め状況について，母子家庭の母については 23.4％，父子家庭の父では 16.3％が「取り決めをしている」と回答しています。同様に，養育費については，母子家庭の母では，「取り決めをしている」のは 37.7％，父子家庭の父では，17.5％となっています。協議離婚と他の手続による離婚とを比べると，協議離婚では，面会交流や養育費の「取り決めをしている」割合が低くなります。チェック欄を設けることにより，取り決めを促すことにつながるでしょうか。

　さて，子どもの生活環境について経済面から見ると，平均的な所得の半分に満たない家庭で暮らす子ども（17歳以下）が増えており，「子どもの貧困率（相対的貧困率）」が上昇しています。2012（平成24）年は16.1％となっています。子どもがいる現役世帯（世帯主が18歳以上65歳未満で17歳以下の子どもがいる世帯）について見ると，貧困率は15.1％，そのうち，大人が1人の世帯の貧困率は54.6％で，大人が2人以上の世帯の貧困率が12.4％であることと比較すると，非常に高い割合となっています。OECD各国を比較したデータによると，2010（平成22）年における日本の子どもの貧困率は，OECD加盟国34か国中10番目に高く，子どもがいる現役世帯のうち，大人が1人の世帯の相対的貧困率は最も高くなっています。そして，ひとり親家庭については，特に母子家庭の所得格差が大きくなる傾向が見られます。子どもの成長や生活に対する影響を考える必要があります。

図1-14 相対的貧困率の国際比較（2010年）

（1）子どもの貧困率

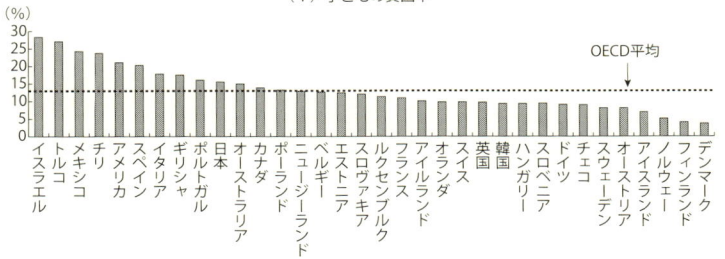

（棒グラフ：左からイスラエル、トルコ、メキシコ、チリ、アメリカ、スペイン、イタリア、ギリシャ、ポルトガル、日本、オーストラリア、カナダ、ニュージーランド、ベルギー、エストニア、スロヴァキア、ルクセンブルク、フランス、アイルランド、オランダ、スイス、英国、韓国、ハンガリー、スロベニア、ドイツ、チェコ、スウェーデン、オーストリア、アイスランド、ノルウェー、フィンランド、デンマーク。OECD平均は約15%の位置に点線で示されている）

（2）全体

相対的貧困率			子どもの貧困率			子どもがいる世帯の相対的貧困率								
						合計			大人が1人			大人が2人以上		
順位	国名	割合	順位	国名	割合	順位	国名	割合	順位	国名	割合	順位	国名	割合
1	チェコ	5.8	1	デンマーク	3.7	1	デンマーク	3.0	1	デンマーク	9.3	1	ドイツ	2.6
2	デンマーク	6.0	2	フィンランド	3.9	2	フィンランド	3.7	2	フィンランド	11.4	2	デンマーク	2.6
3	アイスランド	6.4	3	ノルウェー	5.1	3	ノルウェー	4.4	3	ノルウェー	14.7	3	ノルウェー	2.8
4	ハンガリー	6.8	4	アイスランド	7.1	4	アイスランド	6.3	4	スロヴァキア	15.9	4	フィンランド	3.0
5	ルクセンブルク	7.2	5	オーストリア	8.2	5	オーストリア	6.7	5	英国	16.9	5	アイスランド	3.4
6	フィンランド	7.3	6	スウェーデン	8.2	6	スウェーデン	6.9	6	スウェーデン	18.6	6	スウェーデン	4.3
7	ノルウェー	7.5	7	チェコ	9.0	7	ドイツ	7.1	7	アイルランド	19.5	7	オーストリア	5.4
8	オランダ	7.5	8	ドイツ	9.1	8	チェコ	7.6	8	フランス	25.3	8	オランダ	5.4
9	スロヴァキア	7.8	9	スロベニア	9.4	9	オランダ	7.9	9	ポーランド	25.3	9	フランス	5.6
10	フランス	7.9	9	ハンガリー	9.4	10	スロベニア	8.7	10	オーストリア	25.7	10	チェコ	6.0
11	オーストリア	8.1	9	韓国	9.4	11	フランス	8.7	11	アイスランド	27.1	11	スロベニア	6.7
12	ドイツ	8.8	12	英国	9.8	11	スイス	8.7	12	ギリシャ	27.3	12	スイス	7.2
13	アイルランド	9.0	13	スイス	9.8	13	ハンガリー	9.0	13	ニュージーランド	28.8	13	ハンガリー	7.5
14	スウェーデン	9.1	14	オランダ	9.9	14	英国	9.2	14	ポルトガル	30.9	14	ベルギー	7.5
15	スロベニア	9.2	15	アイルランド	10.2	15	アイルランド	9.7	15	メキシコ	31.3	15	ニュージーランド	7.9
16	スイス	9.5	16	フランス	11.0	16	ルクセンブルク	9.9	15	オランダ	31.3	15	ルクセンブルク	7.9
17	ベルギー	9.9	17	ルクセンブルク	11.4	17	ニュージーランド	10.4	17	スイス	31.6	15	英国	7.9
18	英国	9.9	18	スロヴァキア	12.1	18	ベルギー	10.5	18	エストニア	31.9	18	アイルランド	8.3
19	ニュージーランド	10.3	19	韓国	12.4	19	スロヴァキア	10.9	19	ハンガリー	32.3	19	オーストラリア	8.6
20	ポーランド	11.0	20	ベルギー	12.8	20	エストニア	11.4	20	チェコ	33.2	20	カナダ	9.3
21	ポルトガル	11.4	21	ニュージーランド	13.3	21	カナダ	11.9	21	スロベニア	33.4	21	エストニア	10.2
22	エストニア	11.7	22	ポーランド	13.6	22	ポーランド	12.1	22	ドイツ	34.0	22	スロヴァキア	10.7
23	イタリア	11.9	23	カナダ	13.9	23	オーストラリア	13.3	23	ベルギー	35.0	23	ポーランド	11.8
24	イタリア	13.0	24	オーストラリア	15.1	24	ポルトガル	14.2	24	イタリア	35.2	24	日本	12.7
25	ギリシャ	14.3	25	日本	15.7	25	日本	14.6	25	トルコ	38.2	25	ポルトガル	13.1
26	オーストラリア	14.5	26	ポルトガル	16.2	26	ギリシャ	14.9	26	スペイン	38.8	26	アメリカ	15.2
27	韓国	14.9	27	ギリシャ	17.7	27	イタリア	16.6	27	カナダ	39.8	27	ギリシャ	15.2
28	スペイン	15.4	28	イタリア	17.8	28	アメリカ	18.5	28	ルクセンブルク	44.2	28	イタリア	16.6
29	日本	16.0	29	スペイン	20.5	29	スペイン	18.9	29	オーストラリア	44.9	29	チリ	17.9
30	アメリカ	17.4	30	アメリカ	21.2	30	チリ	21.2	30	アメリカ	45.0	30	スペイン	18.0
31	チリ	18.0	31	チリ	23.9	31	メキシコ	21.5	31	イスラエル	47.7	31	メキシコ	21.0
32	トルコ	19.3	32	メキシコ	24.5	32	トルコ	22.9	32	チリ	49.0	32	トルコ	22.6
33	メキシコ	20.4	33	トルコ	27.5	33	イスラエル	24.3	33	日本	50.8	33	イスラエル	23.3
34	イスラエル	20.9	34	イスラエル	28.5	—	韓国	—	—	韓国	—	—	韓国	—
OECD平均		11.3	OECD平均		13.3	OECD平均		11.6	OECD平均		31.0	OECD平均		9.9

（注）相対的貧困率とは，一般的な所得の半分に満たない人の割合をいう。なお，ハンガリー，アイルランド，日本，ニュージーランド，スイス，トルコの数値は2009年，チリの数値は2011年。

（出所）内閣府「平成26年版 子ども・若者白書」（http://www8.cao.go.jp/youth/whitepaper/h26honpen/b1_03_03.html）。

3　ファミリー単位？　シングル単位？
——社会保障法から考える家族というもの

　「おひとりさま」という言葉，今ではすっかりおなじみの言葉になりましたよね。この言葉の普及に貢献したのは，間違いなく社会学者の上野千鶴子さんでしょう。上野さんは，2007（平成19）年に『おひとりさまの老後』(法研)という本を出版され，およそ75万部もの売り上げを叩き出したそうです。その後2009（平成21）年に『男おひとりさま道』，そして2015（平成27）年には『おひとりさまの最期』と，次々と「おひとりさま」シリーズを世に出してきました（これらを「おひとりさま3部作」と呼ぶそうです）。

　この本がなぜここまで売れたのでしょうか。これはやはり，「ひとりで生きること」を，他人事ではなく「じぶんごと」として考える人，特に女性が増えたということがあるでしょう。女性にとっては，これまで「素敵な男性と幸せな結婚をして子どもに恵まれて，家族の愛情に包まれながら老後を迎える」ことが幸せのかたちであると，かなりの強度で刷り込まれてきたところがあります。ということは，そこから外れること（たとえば，「結婚しないで独身でいること」や「子どもがいない女性」）は，イコール「幸せではない人生」だと烙印を押されるような心地にさせられるものなのです。

　女性はこのような「箍」を，多かれ少なかれはめられて生きていると思います。そんな中，上野千鶴子さんは「おひとりさまって楽しいよ。全然悲観する必要ない！」と，実に生き生きと明るく語ってくれているので，女性にとっては，世間から見れば「箍」から外れた生き方だったとしても，こんなに幸せで充実し

た生が送れるんだ、という希望の灯火のように思えたでしょうし、1つのロールモデルとして広く受け入れられたのではないでしょうか。ベストセラーの背景には、こんな女性の意識があるように思われます。

しかし、そうはいっても、日本の社会保障制度は、基本的に、「おひとりさま」を想定して設計されてはいません。いやむしろ、「おひとりさま」は想定されることすらなく、特殊かつ少数派であるとして、そのまま放置されてきた感が強いのです。

(1) もはやおひとりさまは「特殊」じゃない？

日本政府は、これまでずっと、夫婦と子2人からなる世帯のことを「標準世帯」と呼び、それを中軸に据えながら社会保障制度をつくってきました。そして企業も「標準世帯」を基本的なターゲットと捉えてきました。つまり、国の政策においても企業のビジネス展開においても、まず最初に夫婦と子2人の標準世帯を思い浮かべることで、多数派のニーズを把握しようとしてきたということがいえるでしょう。たしかに、「夫婦と子世帯」の構成比は、1980（昭和55）年時点で全世帯の約4割を占めており、「単身世帯」や「夫婦のみ世帯」を大幅に上回っていました。だから、当時は「標準世帯」中心に制度設計を行うことに合理性があったということは理解できますね。

しかしながら、第1章の1でも述べたように、近年、「標準世帯」の減少が著しくなっており、その代わりに「単身世帯」の数が、眼を見張るほどの増加を見せています。そして、この傾向は、今後さらに加速するとの推測がなされています（国立社会保障・人口問題研究所が2013（平成25）年に発表した「日本の世帯数の将来推計

(全国推計)」は，日本の近い将来の世帯数の推計をした興味深い資料です。関心のある人は，国立社会保障・人口問題研究所のウェブサイトを見てください）。

それでも，日本の社会保障制度の多くは「ファミリー（世帯）単位」でつくられています。これを，現状を見据えた上で「シングル（個人）単位」に設計し直すべきでしょうか。

では，具体的な制度を1つひとつ見ていきながら考えてみましょう。

(2) 「103万円の壁」――配偶者控除は必要？

皆さんも「103万円の壁」という言葉は，耳にしたことがあるのではないでしょうか。これは一言でいうと，「自分自身で税金を払うかどうか」の分かれ目ということです。自分で働いていて，その年収が103万円以下であれば，給与所得控除65万円＋基礎控除38万円＝103万円となり全額控除になるので，所得税を納める必要がなくなります。これを「配偶者控除」といいます。

ちなみに，所得に応じて課税される税金には所得税のほかに住民税があります。住民税を支払わなくてよい年収の基準は自治体によって異なりますが，原則としては，給与所得控除65万円＋基礎控除35万円＝100万円未満となっています。

この「103万円の壁」問題，いうまでもなくそのほとんどが「女性」，すなわち，夫を主たる稼ぎ手として，主婦として家事，育児労働を担いながら，空いている時間に補助的にパートタイマーとして外で働く，いわゆる「主婦パート」が対象となっています。つまり，これこそまさしく「ファミリー（世帯）単位」的発想に基づく制度であるといえます。

ちなみに，夫の勤務先から「配偶者手当」をもらっている人も少なくないと思いますが，支給要件として，妻の年収が103万円未満としている企業が大半なようです。
　この「103万円の壁」，あなたはどう思いますか？　主婦が家事や育児を担って家庭をきっちりと守っているのだから，このくらいの優遇措置は当然だと思うでしょうか。それとも，このような制度があるから，雇用の場面で男性労働者と女性労働者の分断がより強まり，女性の賃金は低止まりし，女性の雇用を限定させてしまうと批判的に考えるでしょうか。

☆配偶者特別控除

　なお，ここで「配偶者特別控除」という制度についても，一言触れておきましょう。「配偶者特別控除」とは，所得が103万円を超えて141万円未満の場合には，段階的に控除を受けられるという制度のことです。つまり，前述した配偶者控除では，103万円まで控除がフルに受けられますが，配偶者特別控除は，141万円まで少しずつ減りながらいくらかの控除が受けられるという制度です（ただし，配偶者特別控除は，夫の所得が1000万円以上ある場合には適用外になります）。

(3)　「130万円の壁」──社会保険をどうする？

　さて，103万円の次は「130万円の壁」です。これも103万円の壁と同様，ほとんどが「主婦パート」の問題となっています。これは，130万円を超えたら，夫の扶養から外れて，社会保険（厚生年金と健康保険）の保険料を自分自身で負担しなければならないという制度です。
　具体的な金額を当てはめてみましょう。たとえば，妻が，月額

第1章　家族の視点から見る社会　　041

賃金が11万円で年収が132万円となり，130万円の壁を越えてしまったとしましょう。この年収だと，事業主によって少し差があるものの，だいたい，健康保険料の自己負担分が年間約6.6万円，厚生年金保険料の自己負担分が年間約11万円くらいになると思われます。

　妻が働くことで夫の控除がなくなり，税金が増えることも含めて考えると，妻の年収が130万円を少し超えた程度であれば，家計全体での年収は増えるのにもかかわらず，手取りの金額が少なくなってしまうという，いわゆる「働き損」状態が生じる可能性があります。また，夫の会社で配偶者手当が支給されている場合に，その支給対象から外れることも考えられます。

　このように，女性が働けば働くほど，「ファミリー単位」に基づいて優遇されてきたさまざまな制度から外れてしまい，女性の働く意欲を削ぐ負の効果があるという批判があります。もし，抜本的に制度を「シングル単位」に変更するのであれば，男性であれ，女性であれ，夫であれ，妻であれ，自分の社会保険は自分が負担するという社会的合意が必要になりますが，さて，どのように考えるでしょうか。

☆次は「106万円の壁」？

2016（平成28）年10月から施行される「年金機能強化法」（正式名称は，「公的年金制度の財政基盤及び最低保障機能の強化等のための国民年金法等の一部を改正する法律」……舌を噛みそうですね）は，短時間労働者への社会保険の適用対象として，次に挙げたすべてに当てはめる労働者を定めました。

- 1週間の所定労働時間が20時間以上の者
- 月額賃金が8万8000円以上の者

表1-6　妻の年収と夫の控除との関係

妻の年収	妻の税金		夫の税金	
	所得税	住民税	配偶者控除	配偶者特別控除
100万円未満	非課税	非課税	受けられる	受けられない
100万円～103万円未満	非課税	課税	受けられる	受けられない
103万円～130万円未満	課税	課税	受けられない	受けられる
130万円～141万円未満	課税	課税	受けられない	受けられる
141万円超	課税	課税	受けられない	受けられない

- 1年以上の雇用見込みがある者
- 学生ではない者

上記のうち、月額賃金が8万8000円以上というところで、これまでの130万円より低い「106万円の壁」(厳密には、8万8000円×12か月＝105万6000円)が新たに生じ、さらなる就労調整を余儀なくされる労働者(特に主婦)が増加するのではないかということが懸念されています。

これから適用対象となる年収要件がさらに引き下げられたとしても、「壁」が存在する以上、就労意欲を阻害する要因が完全に取り払われることにはならないのではないかという気もしますが、どう思いますか。

(4) 改めて「家族」と「個人」について

これまでの戦後の日本社会においては、親が築いた家庭で子どもとして育つと、やがてそこから巣立ち、その後は、子どもが新たにまた家庭を築いていく、というかたちで、生涯に1度の家族を経験するというのが、ごく「普通」の生き方でした。

第1章　家族の視点から見る社会　043

でも現在では，3組に1組が離婚するといわれていますし，再婚したり，再婚によってお互いの連れ子との家庭を築いたり，と，1度限りの家族とは限らなくなりました。つまり，家族のかたちは急速に複線化しつつあります。さらには，晩婚化による結婚時期の遅れ，少産化，晩産化，はたまた同性同士のパートナーの承認など，さまざまな選択肢が認められる方向へ，規範意識も変化を遂げようとしている真っただ中にいるといえるでしょう。

　日本社会は，まさにさまざまな規範意識や道徳観，家族観がごちゃまぜになっている状況なので，離婚が増えたり，結婚前に妊娠したりすることに対して，「不道徳だ」，「家族のきずなが壊れる」とあからさまに眉をひそめる人もいます。そして，非難の対象は，たいてい「女性」に向けられている気がします。たとえば，シングルマザーのもとで育った子どもが犯罪を犯した場合，報道などではよく「シングルマザーには恋人がいたらしい」などと，事件とまったく関係のないことを取り上げて，明らかに行間に非難をにじませ，母親に対する世間の反感をあおるような記事を書くなどといったことは，よくあることだと思います。

　しかし，離婚の増加は，マイナス面だけでは語れません。私の母親のような戦前生まれの世代では，どんなに夫からひどい扱いを受けても，離婚に踏み切る人はきわめて少数でした。離婚をすると，「バツイチ」といいますよね。よく考えれば，離婚は人生においてバツをつけられるようなものではないはずですよね。でも，この何気ない言葉が真実を表しているといえるわけで，つまりは「離婚＝人生の失敗」とされて世間の冷たい視線を受けてしまう……。しかし，こういった「社会による家族の呪縛」は，かけがえのない自分のオリジナルな人生を送る機会を剥奪してきた

のではないでしょうか。そして,剥奪されてきたのは,圧倒的に女性サイドではなかったでしょうか。

　今でも,離婚への風当たりは厳しい面があります。ひとり親家庭の子どもの貧困率は54.6％（平成24年）と高い数値となっています。また,同じひとり親であっても,シングルマザーはシングルファザーと比較して,半分以下の収入しか得られていませんし,まだまだシビアな状況があることはたしかです。しかしそれでも,少しずつではありますが,女性が「自分のオリジナルな人生を追求できる」ことを肯定する社会の土壌は整ってきたのではないでしょうか。それが離婚率の高さに表れているのならば,それは悲観すべきことではないと思います。

　私は個人的に,何ものにも抑圧されることのない中で「自分自身の人生」を選択できる個人同士があってこそ,「家族」は成り立つのだと考えています。こうした一連の変化を受けて,家族の定義やあり方も大きく変化しています。どのような形で「家族なるもの」を形成し維持していくか,1人ひとりが問われているのだと思います。

　そのために社会保障制度はどうあるべきでしょうか。やはり,根本的には,「個人単位」で「性中立的」な制度設計が不可欠になってくるでしょう。そして「暮らしの質」を保障するためには,大きく開いている男女間の労働条件の格差を埋めていく収入を確保することができる環境づくりが喫緊の課題です。具体的には,たとえば,間接差別も含めたあらゆる性別による雇用差別を許さないこと,雇用形態の違いで社会保障制度に差異を設けないこと,女性が希望した場合の公的な就労支援制度のメニューを充実させること,女性のみならず男性も働きやすい心身ともに優しい持続

可能な労働環境を整備すること、といったようなことが、1人ひとりの自立に基づいた社会の実現につながるのだと思います。そう、社会保障制度を「持続可能」なものにするためには、1人ひとりが「持続不可能」で壊れてしまわないような社会を目指さなくてはいけませんよね。

男性労働者にとっても、専業主婦世帯にはリスクが伴うようになってきています。近い将来には、夫の収入が高く安定した雇用にあるという「専業主婦世帯モデル」から外れる世帯がますます増加することが見込まれますし、男女ともに貧困化してゆく可能性は少なくありません。だからこそ、どのような世帯、性的指向、家族形態であっても、ある程度きちんとした（＝ディーセントな）生活が保障される制度設計が早急に求められていると思います。

●読書案内

内閣府「少子化社会対策白書」(http://www8.cao.go.jp/shoushi/shoushika/whitepaper/)、「高齢社会白書」(http://www8.cao.go.jp/kourei/whitepaper/index-w.html)、「男女共同参画白書」(http://www.gender.go.jp/about_danjo/whitepaper/) の各年版

データを参照することは、社会の様子を知る1つの有用な手がかりです。本書の中では、少子高齢化の現状、家族生活、仕事と家事・子育ての両立といった事項について取り上げています。経年変化や各国比較などを通して、現在の課題が見えてきます。それぞれ冊子版とウェブ版があります。

利谷信義『家族の法〔第3版〕』(有斐閣、2010年)

家族や家族生活について定める民法の家族制度について、親族および相続の各項目をひと通り学ぶことができます。家族問題に対処する

ための法律の知識を分かりやすく学び，身につける（リーガル・リテラシーの習得）ことを目的として書かれており，社会が変化する中で，現在の家族の法がどうあるかを捉えています。

大村敦志『法学入門――「児童虐待と法」から「こども」法へ――』（羽鳥書店，2012年）

　「法学入門」というタイトルで，これから法と法学を学ぼうとする人々に向けた学習案内となっています。近年社会問題として取り上げられることの多い，「児童虐待」を例に，法と社会の関係を解説し，そこから，法と法学に対する視点を広げていきます。社会の現象を通して，法のしくみが見えてきます。

杉山春『家族幻想――「ひきこもり」から問う』（筑摩書房，2016年）

　「家族」とは，掛け値なき愛情に包まれたどこまでも温かい繭(まゆ)なのか，それとも，閉鎖的な支配や束縛に絶えず苛まれ続ける針の筵(むしろ)なのでしょうか。……いったい，「家族の絆」という神話はどこから生まれ，そしてどこへ向かうのでしょうか。一筋縄ではいかない「家族」のもつ意味について改めて問い直してみたいとき，ぜひ読んでほしい一冊です。

上野千鶴子『おひとりさまの老後』（法研，2007年）

　「おひとりさま3部作」と，後にいわれる嚆矢となった最初の書。世帯単位を基本に設計されてきた日本の社会保障制度に対して，「おひとりさま」はいかに安心して幸せな「老後」を送るべく準備をするべきなのか，軽妙な語り口で説いています。影の部分にほとんど触れていないのにやや物足りなさを感じるところではありますが，それは本書の役割ではないのだと割り切って読むべきなのかもしれません。

珈琲たいむ

血は水よりも濃い……わけではない？
— 「家族なるもの」と「家族らしきもの」 —

　「正月は大嫌い。家族がいることを前提とした世の中のすべて。テレビ，雑誌，消費をあおる広告の数々……．これでもかと波のように押し寄せる家族の絆の押しつけにうんざりする。ただただ，早く過ぎ去ることだけを祈ってる」．

　私の知り合いの１人は，年末になるとこんなことをいいます。よほど家族に対して負の思い出があるのでしょう。私はいつもその激しい口調の前に，かけるべき言葉を失ってしまうのですが……。でもたしかに，正月には，「家族で帰省」，「家族で初詣」，「家族でお雑煮」，「家族で年賀状」，「子どもにお年玉」……。これでもかというくらいに「家族なるもの」がクローズアップされますよね。

　家族がいる多数派の人にとっては，当たり前の光景かもしれませんが，家族がいない人，家族がいても会えない人，または会いたくない人，家族と音信不通になっている人……などにとっては，お正月はめでたいどころか，むしろ苦痛な時かもしれません。

　一方，東京・山谷や大阪・釜ヶ崎，横浜・寿町，名古屋・笹島など，「家族なるもの」から遠く離れたところで生きている日雇労働者やホームレスの人たちが多く住む街（ドヤ街）には，「家族の温かさに包まれたお正月」の光景はありません。でもその代わりに，大晦日から新年にかけて，越冬闘争と銘打って，食べるものもなく，寒さに震えながら路上で亡くなってしまう人がいないように，「この厳しい冬を生き延びよう！」というスローガンで，毛布や寝間着，炊き出しやおにぎりを配ったりします。また，ホームレスのおっちゃんたちと一緒に餅つきをやったり，お雑煮をふるまったりすることもあります。

つまり、ここには、血のつながった「家族なるもの」ではなく、支援団体やボランティア、有志の人たちなど、年齢、性別、出身、国籍、人種……、それぞればらばらな人たちが集まって形成する「家族らしきもの」が存在します。いい換えれば「疑似家族」と呼べるのかもしれません。

　血のつながった「家族なるもの」だけが「本物」の家族であるという考えの人もいるかもしれません。「血は水よりも濃い」と、血縁の強さ、深さを説くことわざも昔からあります。でも、果たして本当にそうでしょうか。

　私はこれまで、大阪・釜ヶ崎で「ホームレスのおっちゃん」と関わり、話をしてきました。いろんな人がいますが、おおむねすべての人が、何らかの形で臑に疵を持っています。多くの人が、「血のつながった家族」との縁を断ち切られた状況にあります。「ふん、家族なんてどうでもええわ」と強がる人もいるし、「ひどいことをしたから今さら合わせる顔なんてないわ」と罪悪感に苛まれている人もいます。

　そんな人たちの集まりである釜ヶ崎。外から見たら、淋しくて、孤独で、夢のない街に見えるかもしれません。でも、傷を持つ人たちはお互いを思いやる術を知っています。そして、「あんたがどういう人生送ってきたか知らんけど、とりあえず、今年の冬は一緒に生き延びようや」と連帯することができます。そして、そんな人たちに惹かれて、さまざまな人たちが釜ヶ崎に集まってきます。「血のつながり」はなくても、ここには確かに「家族らしきもの」が存在します。

　「家族なるもの」と「家族らしきもの」。これらをどのように考え、社会の中に位置づけていくべきでしょうか。皆さんも、ちょっと考えてみてください。

第2章 消費者の視点から見る社会

1 若者の消費生活と消費者トラブル

　私たちの暮らしを，消費生活を通して見てみましょう。若者の購買行動について考えてみます。

(1) おこづかいの使いみち

　まず，子どもは1か月あたり，どのくらいおこづかいをもらっているでしょうか。調査データから，2013（平成25）年の子どものこづかいについて見てみます。まず，小学生のこづかいのもらい方と金額について見ると，小年生のおこづかいのもらい方については，低学年（1，2年）はときどきもらう割合が6割近く（58.5％），月に1回が13.2％などとなっています。中学年（3，4年）はときどきもらうという回答が4割超（43.9％），月に1回が3割超（34.3％）です。高学年（5，6年）は，月に1回もらう割合が最も高く，5割程度（52.2％）となっています。次いで，ときどきもらうが約3割（30.6％）です。

　こづかい額の平均は，低学年と中学年に多い，ときどきこづかいをもらう場合を見ると，低学年は689円，中学年は847円となっています。月に1回もらう割合が多い高学年については，平均額は1,087円となっています。

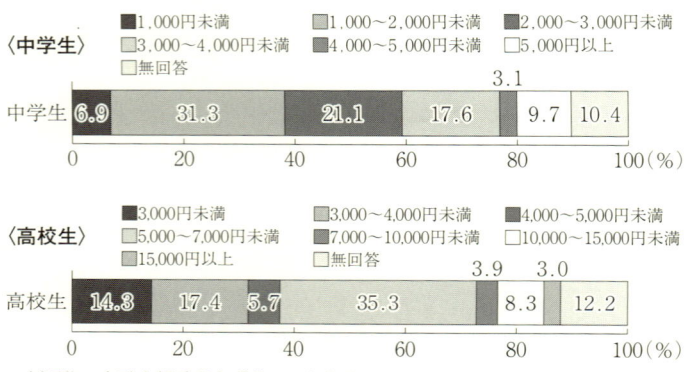

図2-1　1か月のこづかい額（中学生・高校生）

〈中学生〉
- ■1,000円未満
- ■1,000～2,000円未満
- ■2,000～3,000円未満
- □3,000～4,000円未満
- ■4,000～5,000円未満
- □5,000円以上
- □無回答

中学生：6.9 ／ 31.3 ／ 21.1 ／ 17.6 ／ 3.1 ／ 9.7 ／ 10.4

〈高校生〉
- ■3,000円未満
- ■3,000～4,000円未満
- ■4,000～5,000円未満
- □5,000～7,000円未満
- ■7,000～10,000円未満
- □10,000～15,000円未満
- □15,000円以上
- □無回答

高校生：14.3 ／ 17.4 ／ 5.7 ／ 35.3 ／ 3.9 ／ 8.3 ／ 3.0 ／ 12.2

（出所）　金融広報委員会「暮らしと金融なんでもデータ（2014年）」「4　教育・子育て」（https://www.shiruporuto.jp/finance/chosa/kodomo2010/）。

　中学生がもらうこづかい額は，平均で2,502円です。金額帯で見ると，1,000～2,000円が3割程度（31.3％）と最も多く，2,000～3,000円未満が2割程度（21.1％），3,000～4,000円が10％台後半（17.6％）などと続きます。

　高校生がもらうこづかい額は平均で5,305円です。金額帯で見ると，5,000～7,000円が3割台（35.3％）で最も多く，3,000～4,000円が17.4％，3,000円未満が14.3％と10％台で続きます。

　そして最近，スマートフォン等の携帯電話を使っている子どもが増えています。青少年のインターネット利用環境に関する調査によると，2013（平成25）年の携帯電話（PHS・スマートフォンを含む）の所有状況は，小学生が36.6％，中学生は51.9％，高校生は97.2％となっています。過去数年の調査と比べると，スマートフォンの所有率が増加しています。携帯電話の所有者のうち，スマートフォンを持っている人は，全体の56.8％となっています。学

図2-2 所有している携帯電話の種類

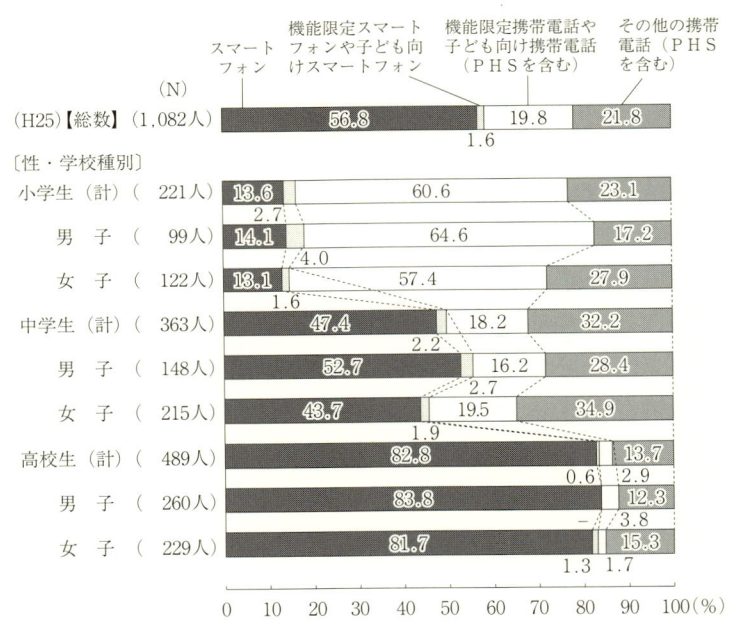

	スマートフォン	機能限定スマートフォンや子ども向けスマートフォン	機能限定携帯電話や子ども向け携帯電話（PHSを含む）	その他の携帯電話（PHSを含む）
(H25)【総数】(1,082人)	56.8	1.6	19.8	21.8

〔性・学校種別〕

	スマホ	機能限定スマホ	機能限定携帯	その他
小学生（計）(221人)	13.6	2.7	60.6	23.1
男子（99人）	14.1	4.0	64.6	17.2
女子（122人）	13.1	1.6	57.4	27.9
中学生（計）(363人)	47.4	2.2	18.2	32.2
男子（148人）	52.7	2.7	16.2	28.4
女子（215人）	43.7	1.9	19.5	34.9
高校生（計）(489人)	82.8	0.6	2.9	13.7
男子（260人）	83.8	-	3.8	12.3
女子（229人）	81.7	1.3	1.7	15.3

（出所）内閣府「平成25年度青少年のインターネット利用環境実態調査」
(http://www8.cao.go.jp/youth/youth-harm/chousa/h25/net-jittai/html/2-1-1.html)。

校種別に見ると，小学生は13.6％で1割台前半，中学生は47.4％と半数近く，高校生では82.8％と8割を超えます。小学生で所有している割合が高いのは「機能限定携帯電話や子ども向け携帯電話」で，6割（60.6％）を占めます。

それでは，携帯電話の利用料は月々どの程度で，誰が利用料を払っているのでしょうか。2010（平成22）年度の調査データによると，毎月かかる利用料について，中学生は25.0％，高校生では54.2％が，「5,000〜10,000円未満」と答えています。「10,000円以

第2章 消費者の視点から見る社会　053

表2-1　携帯電話の利用料と自分で支払っている額（平成22年度）

（単位：％）

	毎月の利用料		自分で支払っている額	
	中学生	高校生	中学生	高校生
2,000円未満	9.2%	2.9%	33.6%	40.4%
2,000～3,000円未満	7.5	3.1	0.9	1.6
3,000～5,000円未満	15.3	12.2	0.8	2.0
5,000～10,000円未満	25.0	54.2	0.5	5.6
10,000円以上	6.7	11.4	0.2	1.8
わからない	28.7	14.9	44.8	36.6
無回答	7.7	1.3	19.2	11.8

（出所）　金融広報委員会「暮らしと金融なんでもデータ（2014年）」「4　教育・子育て」（https://www.shiruporuto.jp/finance/chosa/kodomo2010/）。

上」という中学生は全体の6.7％，高校生では11.4％います。

　その利用料の支払いについて，自分で支払っている額は，中学生の33.6％，高校生の40.4％で「2,000円未満」となっています。一方，中学生が44.8％，高校生は36.6％が「わからない」と回答しています。

(2)　インターネット利用と消費者トラブル

　子どもがスマートフォン等の携帯電話を所有する割合が高くなるとともに，インターネットを利用する割合が非常に高くなっています。先ほどの調査によると，2013（平成25）年に，インターネットを利用している割合は，全体で8割強（81.1％）を占めます。前年度も8割近く（78.2％）となっています。学校種別に見ると，小学生の4割（44.3％），中学生の8割（82.1％），高校生の9割（96.7

図2-3　インターネット利用の有無（平成24・25年度）

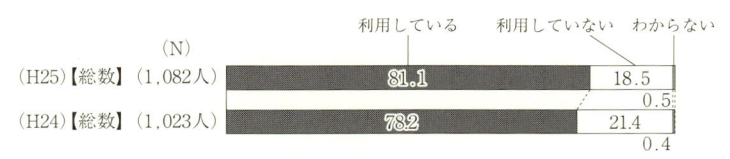

	(N)	利用している	利用していない	わからない
(H25)【総数】	(1,082人)	81.1	18.5	0.5
(H24)【総数】	(1,023人)	78.2	21.4	0.4

（出所）内閣府「平成25年度青少年のインターネット利用環境実態調査」
（http://www8.cao.go.jp/youth/youth-harm/chousa/h25/net-jittai/html/2-1-1.html）。

図2-4　契約当事者が小・中・高校生の相談件数（平成23～25年度）

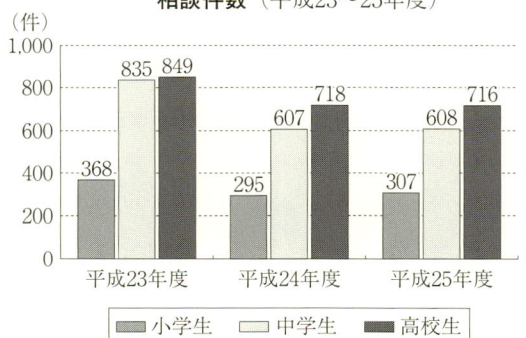

（件）

	平成23年度	平成24年度	平成25年度
小学生	368	295	307
中学生	835	607	608
高校生	849	718	716

（出所）東京都「わたしは消費者」教員向け消費者教育情報提供誌 Web版，№139，平成27年3月1日
（https://www.shouhiseikatu.metro.tokyo.jp/manabitai/shouhisha/139/04.html）。

％）がインターネットを利用しています。

　しかし，トラブルや被害も発生しています。東京都が，消費者トラブルや被害について都内の消費生活センターで受け付けた2013（平成25）年度の相談を見てみましょう。相談件数12万6951件のうち，「若者」（契約の当事者が29歳以下）に関する相談は，1万5280件（全体の12.0％）あります。そのうち，契約当事者が小学

生・中学生・高校生である相談は1,631件あり，前年度の1,620件に対して0.7％増加しています。内訳は，小学生307件，中学生608件，高校生716件です。

相談内容について見ると，最も多い相談は「デジタルコンテンツ」に関するものです。デジタルコンテンツとは，インターネットを通じて得られる情報のことです。小学生は250件（小学生に関する相談の81.4％），中学生は484件（79.6％），高校生は413件（57.7％）となっています。「携帯電話／携帯電話サービス」（携帯電話機本体に関する相談と加入契約等に関する相談の合計）に関する相談も，相談の上位に挙がっています。

「デジタルコンテンツ」に関する相談内容について，最も件数が多いのは「アダルト情報サイト」に関するものです。小学生は167件（デジタルコンテンツに関する相談の66.8％），中学生は334件（69.0％），高校生は309件（74.8％）となっています。

次のような相談事例があります。

▶中学生の相談事例
　中学生の娘がアニメの動画を見ようとして，スマートフォンからアダルトサイトにアクセスした。娘は高額の料金請求をされたことに驚き，「誤作動の場合はこちら」というボタンからメールを送信した。しかし，「料金を支払わないと退会できない」という返信の後，請求メールが何通も届く。
　　（出所）　東京都「わたしは消費者」教員向け消費者教育情報提供誌Web版，№139，平成27年3月1日」（相談事例について，以下同じ）（http://www.shouhiseikatu.metro.tokyo.jp/manabitai/shouhisha/139/sub139/sub139.htm）．

このように，アニメや漫画などの無料サイトから誘導され，

「登録料」や「利用料」と称して，高額の支払いを求められることがあります。

次いで相談件数が多いのは，「オンラインゲーム」に関する相談です。小学生は58件（デジタルコンテンツに関する相談の23.2％），中学生87件（18.0％），高校生38件（9.2％）となっています。

> ▶小学生の相談事例
> 　小学生の息子がモバイル端末でオンラインゲームの契約をし，親である自分のカードに高額の利用料金請求が届いた。ソフト購入サイトに自分がクレジットカード情報を登録していたため，息子は有料と思わずカード決済できたようだ。パスワード管理の甘さについては自分にも責任があるが，減額できないだろうか。

「携帯電話／携帯電話サービス」に関する相談は，小学生が5件，中学生は12件，高校生は29件となっています。

> ▶高校生の相談事例
> 　高校生の息子が携帯電話の機種変更をした際に，店員から「安価で2台目の契約ができる」と勧められ，機種変更分とは別にもう1台契約をした。息子は，機種変更したものと同様に10分の無料通話後，電話が切れる契約をしていると思っていたが，2台目には適用されず，高額の通話料が発生した。

オンラインゲームの事例では，子どもはゲームをしている感覚で，利用代金を払ってサービスを利用しているという考えは，あまり持たないでしょう。アダルト情報サイトのトラブル事例は，いわゆる「架空請求・不当請求」に関するものであり，契約は成立していません。しかし，不当な誘導により，高額な請求を受け

るといった被害が多発しています。高校生の事例のように，勧誘を受けて，契約の中身をよく知らないで，契約に応じてしまうということもあるでしょう。ものを買う，サービスを利用するということの意味を考えてみる必要があります。

2　経済社会における取引のしくみ──消費者問題の発生

(1)　くらしと経済の関わり

　ここに関わるのは経済のしくみです。経済を動かすしくみとはどのようなものでしょうか。今日の経済社会においては，もの・サービスを自由に取引することができます。これを支えるしくみを「市場(しじょう)」といいます。市場とは，もの・サービスが自由に取引されるしくみのことです。その働きは，**図2-5**のようなイメージで捉えることができます。

　今年2016年の初めに，東京都の中央卸売市場である「築地市場」(東京都中央区)の初競りで，青森県大間産の200キロの本マグロが，1400万円（1キロあたり7万円）で競り落とされたことがニュースとなりました。この「競(せ)り」というしくみは，関係者が市場に集まって，値段を決めるしくみです。商品を買いたい人が値段をつけます。低い値段から始めて，値段をつり上げていき，最も高い値段をつけた人に販売される「せり上げ」方式，これとは逆に，せりを進行するせり人が値段を下げていく間に，買い受けることを希望する人が申し出る「せり下げ」方式などがあります。取引に参加する人が，公平に取引に参加できるようルールが取り決められています。

　このように，市場(しじょう)では，参加者が自由に取引に参加し，需要

図2-5　市場における取引のしくみ

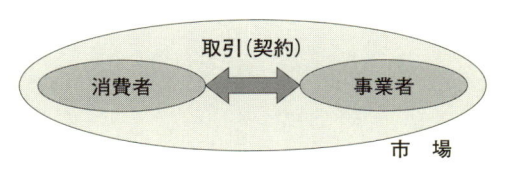

取引（契約）
消費者 ⇔ 事業者
市　場

(買い手) と供給 (売り手) のバランスが取れるところで価格や生産量が決まります。そして，事業者間で競争が行われ，多数の売り手が競い合うことにより，消費者は商品を選ぶことができます。このような市場の機能を「市場メカニズム」といい，自律的な経済の秩序づけが期待されています。

　私たちは，暮らしを通して，このような経済のしくみと関わりを持ちます。すなわち，生活の中でものを購入し，サービスを利用することにより，経済活動に参加しています。買いものをすることは，経済的な取引に参加することなのです。

(2)「消費者問題」の発生

　私たちは，生活に必要なもの・サービスを購入し，消費・使用する「消費者」です。一方，企業は，「事業者」として，もの・サービスを生産し，利潤を追求することを目的として事業活動を行います。そこに「消費者問題」が発生します。

　携帯電話やスマートフォンのサービスについて見てみましょう。2015（平成27）9月のデータによると，携帯電話の契約数は1億5289万件となっています。

　勤労者世帯の1か月あたりの通信費の支出について，2014（平成26）年の平均は，「移動電話（携帯電話・PHS）使用料」は1万

2,393円,「固定電話使用料」は2,172円,「インターネット接続料（プロバイダ料金など）」は2,446円で、合わせて1万7,011円となります。なお、世帯人員の平均は2.52人です。これらが家計の消費支出に占める割合は4〜5％程度となります。

　携帯電話やPHSなどの移動系通信サービスを提供する事業者（グループ）は主に3つあります。移動系通信の契約数から見た事業者別のシェア（グループ別）は、2015（平成27）年9月のデータによると、NTTドコモが43.0％（前年度比1.0％増）、KDDIグループが28.8％（同0.5％増）、そしてソフトバンクグループが28.2％（同1.5％減）となっています。

　このように、産業が規模の大きな少数の企業により構成される構造となっている産業を「寡占産業」といいます。今日、私たちが購入する、多くのもの・サービスが、寡占産業により提供されています。寡占産業では、企業間で価格や商品・サービスの品質を競うという働きが活発ではなくなります。特に価格に関して企業間で協調的に行動するなどの弊害が出てきます。そして、消費者にとっては、商品・サービスに消費者のニーズを反映させることが難しくなります。

　最近、家計の支出に占める携帯電話の通信料の負担が年々増える中で、消費者にとって利用しやすい通信料金を実現するための方策について、国で検討が行われました。2015（平成27）年12月に、その方向性が取りまとめられています。

　検討課題は3点あり、①利用者のニーズや利用実態を踏まえた料金体系とすること、②端末価格からサービス・料金を中心とした競争への転換、③MVNO（Mobile Virtual Network Operator：仮想移動体通信事業者）（他社の無線ネットワークを活用して多様なサービ

図2-6 移動系通信の契約数における事業者別シェアの推移
（グループ別）

【グループ内取引調整後】

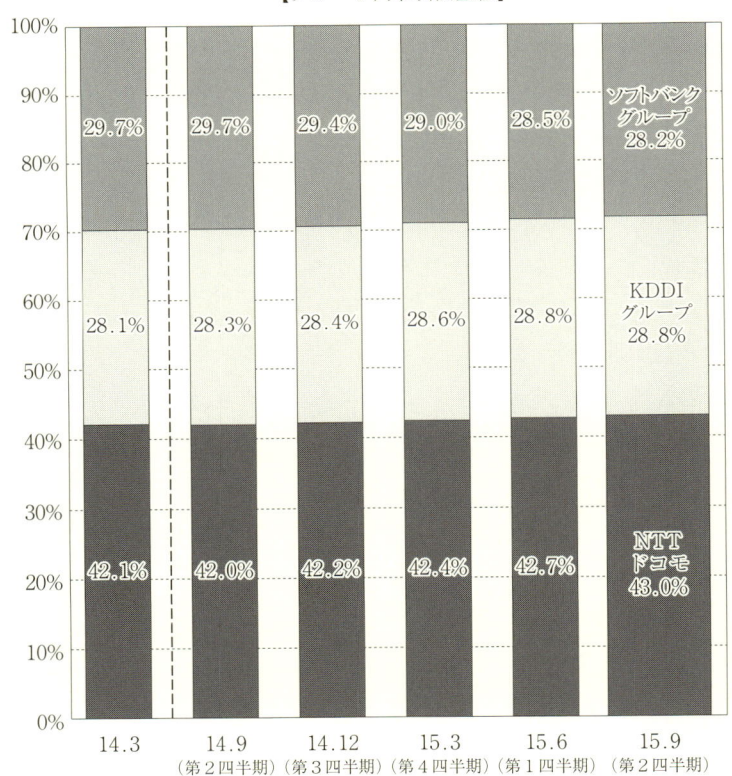

	14.3	14.9	14.12	15.3	15.6	15.9
ソフトバンクグループ	29.7%	29.7%	29.4%	29.0%	28.5%	28.2%
KDDIグループ	28.1%	28.3%	28.4%	28.6%	28.8%	28.8%
NTTドコモ	42.1%	42.0%	42.2%	42.4%	42.7%	43.0%

（第2四半期）（第3四半期）（第4四半期）（第1四半期）（第2四半期）

（注） 1．四捨五入の関係上，合計が100％にならない場合がある。以下同じ。
2．KDDIグループのシェアには，KDDI，沖縄セルラーおよびUQコミュニケーションズが含まれる。
3．ソフトバンクグループのシェアには，ソフトバンクおよびWireless City Planningが含まれる。

（出所） 総務省「電気通信サービスの契約数及びシェアに関する四半期データの公表（平成27年度第2四半期（9月末）」（2015年12月16日）（http://www.soumu.go.jp/menu_news/s-news/01kiban04_02000100.html）。

第2章　消費者の視点から見る社会　　061

スを提供する，いわゆる「格安スマホ」を提供する事業者）のサービスの低廉化・多様化を通じた競争促進について取り上げています。

　①については，消費者の利用状況に応じて選択ができる料金プランの設定，特にライトユーザも利用しやすいスマートフォンの料金プランの提供，②については，「実質0円」端末といわれるような，端末を購入した人への高額な端末購入補助による，端末を購入しない人との不公平の是正，③については，契約数は増加傾向にあるものの，いまだ一部の利用者層にとどまっているMVNOサービスの普及を促す体制整備といった事項が検討されています。これにより，各社が「機種代実質0円」を廃止するといった動きが見られます。

　携帯電話サービスの利用は，今や私たちの生活にとって必須となりつつあります。2015（平成27）年5月より，SIM（シム）カードのロック解除が義務化され，端末を変更せずに，利用する携帯電話会社を変更するといったことができるようになりました。事業者は利用者の求めに応じてSIMロックの解除に応じることとされています。SIMロックという手段で利用者を囲い込むことが，利用者の利便を損ない，料金やサービス内容の差別化による事業者間の競争を阻害する要因となっていたことが指摘されています。しかし，消費者が自ら選びたいサービスを選択できる取引環境は必ずしも実現されていません。消費者とサービスを提供する側の事業者との間には，経済力や情報力，交渉力に格差があり，消費者が，事業者と対等な立場で，同じ土俵に立って取引を行うことが難しいためです。そこに生じてくる不利益や被害が「消費者問題」です。

3 取引のしくみと契約のルール

(1) 買いものは契約

　買いものをすることは，法的に見ると「契約」を結ぶということです。たとえば，コンビニでお菓子を買うとき，代金を払って，商品を受け取ります。これが契約です。私たちは，コンビニとの間で「売買契約」を結んでいます。

　それでは，契約はどのように成立するのでしょうか。契約は当事者間の合意により成立します。「申し込み」と「承諾」の意思表示によります。売る側からの「売りたい」という申込みに対して，買う側の「買います」という承諾があれば，契約が成立します。

　契約が成立すると，その効果として，私たち（買主）は，購入した品物の代金を払う義務（代金支払義務）を負い，コンビニ（売主）は，売却した品物を引き渡す義務を負います。品物を引き渡すことにより，売主から買主に，その「所有権」が移転し，買主のものとなるのです。このように，それぞれが契約上の義務を果たすことにより，契約内容が実行されます。

　同時に，買主は売主に対し，購入した品物の引渡しを請求する権利があります。売主は買主に対し，代金支払いを請求する権利があります。このように，契約を結ぶと当事者間に「権利・義務関係」が生じます。

(2) 未成年者の契約と未成年者取消権

　子どもが契約を行う場合のルールについて見ておきましょう。

図 2-7　お菓子を買う（売買契約）

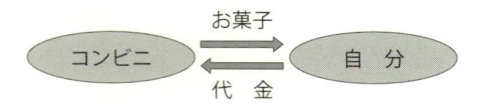

コンビニ ⇄ 自分
（お菓子／代金）

　法律上、20歳未満は未成年者です。子どもは、大人に比べ、契約に関する判断力は十分ではないと考えられることから、未成年者の契約については、法定代理人（通常は親権者である父母）の同意を得ることとされています。同意がなければ、契約を結んでも、取り消すことができます。未成年者本人または親が取り消すことができます。もっとも、おこづかいで買いものをする場合は、未成年者でも1人で契約することができます。

(3) 携帯電話の契約と代金の支払い

　日頃の買いものに、皆さんは、契約を結んでいるという感覚を持っているでしょうか。先ほどのスマートフォンの契約に関連して、スマートフォンの普及にともない、これまでの携帯電話から買い替える際に、端末の購入費用を分割払いで契約する人が増えており、若い世代を中心に代金の支払いを滞納する人が最近、急増していることが指摘されています。

　端末料金の支払いは、購入時に一括で支払う方法と、分割で支払う方法があります。分割払いの場合、端末代金と通信料が一緒に、携帯電話会社から月々請求されます。購入時に、代金を分割払いする契約（クレジット契約）を結んでおり、毎月、端末料金を返済する内容となっているのです。しかし、端末と通信の契約を一体として販売するビジネスモデルにより、そのことが認識され

図2-8 携帯電話の契約のしくみ

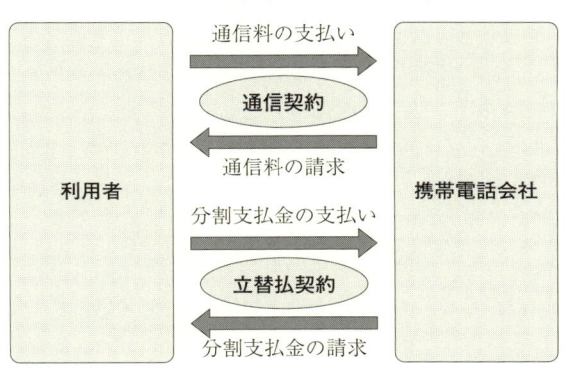

```
            通信料の支払い
         ━━━━━━━━━━━▶
            ( 通信契約 )
         ◀━━━━━━━━━━━
            通信料の請求
利用者                        携帯電話会社
          分割支払金の支払い
         ━━━━━━━━━━━▶
            ( 立替払契約 )
         ◀━━━━━━━━━━━
          分割支払金の請求
```

にくいようです。「実質0円」端末といっても,端末料金が無料というわけではありません。

　携帯電話料金を滞納すると,端末の分割支払金を滞らせることとなります。一方,クレジット契約は,借りたお金を返していく,借金をするのと同じことですので,契約時に支払能力の審査があります。端末の分割支払金の滞納により,その後,クレジット契約を利用しようとするときに,審査に通らないといった影響が出てくる可能性があります。普段の買いものを「契約」という視点で捉えてみましょう。

4 取引の多様化・複雑化と契約

(1) 買いものと支払手段——電子マネーの利用状況

　今日の取引では,買いものをしたときに,その場で現金で支払う以外の支払方法が拡大しています。先ほどのクレジット契約も

表2-2　電子マネーの保有・利用割合の推移（総世帯）

	電子マネーを持っている世帯員がいる世帯		電子マネーを利用した世帯員がいる世帯	
	割合（％）	2008年＝100	割合（％）	2008年＝100
2008年	24.4	100.0	18.0	100.0
2009	28.3	116.0	21.0	116.7
2010	33.9	138.9	27.4	152.2
2011	35.6	145.9	29.0	161.1
2012	38.7	158.6	32.6	181.1
2013	43.2	177.0	36.4	202.2
2014	46.7	191.4	40.4	224.4

（出所）総務省「家計消費状況調査年報（平成26年）結果の概況」(http://www.stat.go.jp/data/joukyou/2014ar/gaikyou/index.htm)。

その1つです。クレジットカードを使うのも，クレジット契約の一種です。ここでは電子マネーについて見てみましょう。

　電子マネーとは，事前に現金を入金し，その金額分の価値を支払いに利用できるカードのことです。残高がなくなれば，追加的に入金（チャージ）して繰り返し使うことができます。

　近年，電子マネーの利用が広がっています。利用状況の調査（**表2-2**）によると，2014（平成26）年に，単身世帯を含む世帯全体（総世帯）について，電子マネーを持っている世帯員がいる世帯は46.7％となっています。前年に比べ3.5ポイント上昇しています。調査を開始した2008（平成20）年には24.4％であり，6年間で約1.9倍増加しています。同様に，電子マネーを利用した世帯員がいる世帯の割合は40.4％です。前年に比べ4.0ポイント上昇しています。2008（平成20）年と比較すると，18.0％から40.4％に上昇し，約2.2倍増加しています。

表2-3　電子マネーの保有割合（地域別）

地　　域	全国	北海道	東北	関東	北陸	東海	近畿	中国	四国	九州・沖縄
保有率(％)	46.7	34.6	37.9	64.2	24.4	38.0	38.5	41.2	35.8	32.7

（出所）　総務省「家計消費状況調査年報　平成26年」「平成26年平均結果表（ICT関連項目）」(http://www.e-stat.go.jp/SG1/estat/List.do?lid=000001129477)。

　1世帯あたり1か月間の平均利用金額は1万1410円です。前年に比べ名目5.6％の増加となっています。そのうち，1か月あたり1万円以上利用した世帯の割合は17.9％です。2008（平成20）年は5.1％であり，2014（平成26）年までの6年間で約3.5倍となっています。

　電子マネーの利用回数が最も多かった場所は，交通機関系が46.6％で最も高く，スーパーマーケットが27.7％，コンビニエンスストアが20.7％などと続きます。前年に比べ，コンビニエンスストアで2.5ポイント，スーパーマーケットで0.6ポイント拡大しています。

　地域別に見ると，電子マネーを保有している割合が高いのは関東地方で，64.2％の保有率となっています（**表2-3**）。

　子どもの電子マネーの利用状況を見ると，2010（平成22）年度の調査では，中学生の26.3％，高校生の32.1％が「使っている」と回答しています。関東では電子マネーを利用している割合が，中学生で57.4％，高校生は64.3％と高くなります。

(2)　電子マネーのしくみと約款(やっかん)

　契約は，契約自由の原則により，契約を結ぼうとする当事者の

図2-9 契約自由の原則

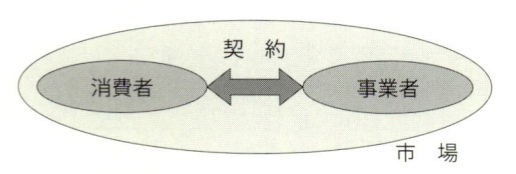

契約
消費者 ⇔ 事業者
市　場

①契約締結の自由，②契約の相手方選択の自由，
③契約内容の自由，④契約の方式の自由

交渉により，自由な意思に基づいて行われることを原則とします。契約自由の原則には4つの原則があります。①契約締結の自由，②相手方選択の自由，③契約内容の自由，そして④契約の方式の自由です。

①の契約締結の自由とは，契約するか，しないかの自由です。いったん契約を結べば，それに縛られますが，契約を申し込むかどうか，承諾するかどうかは，契約する本人の自由です。②の相手方選択の自由は，契約する相手を選べるということです。いろいろなお店で買いものをしますね。③の契約内容の自由とは，どのような内容の契約を結ぶかは自由です。「何を」，「いくらで」契約するかなど，取引するもの・サービスに合わせて契約の中身も変わってきます。④の契約の方式の自由とは，口頭の合意があれば契約は成立するということです。もっとも，契約金額が大きい場合や，内容が複雑な場合は，契約書を作成します。

このように，契約は，契約を結ぼうとする人の自由な意思に基づいて行われます。しかし，実際の取引では，事業者があらかじめ設定した契約条件，すなわち「約款」に基づいて契約が行われる場合が少なくありません。事業者が一定の契約内容をあらかじめ定め，その内容を承諾することを条件として契約を締結すると

いうものです。消費者は，内容をどこまで知り，理解して契約しているでしょうか。消費者に不利な内容の契約を強いられてはいないでしょうか。消費者と事業者との情報力や交渉力の格差は，このようなところにも現れてきます。

(3) 電子マネーの利用規約

　電子マネーのサービスの内容と使用条件について定める利用規約を見てみましょう。支払い手段として，現金とはどこが異なるのでしょうか。ここでは，主要な電子マネーの1つ，交通機関系電子マネーのSuica（スイカ）を取り上げます。いくつかの規定からサービスの内容を確認しましょう。

　まず，チャージの上限額は2万円となっています。

（チャージ）
第12条　Suicaには，Suicaの処理が可能な自動券売機（指定席券売機を除く。）及び多機能券売機（以下これらを「乗車券類発売機」といいます。），のりこし精算機及びのりつぎ精算機（以下これらを「自動精算機」といいます。）等によってチャージすることができます。ただし，Suica 1枚あたりのSFの残額は20,000円を超えることはできません。
　　（注）「SF」とは，同社が相当の対価を得て，Suicaに記録した金銭的価値をいう。
　　（出所）「東日本旅客鉄道株式会社ICカード乗車券取扱規則」（規約の各規定について，以下同じ）(https://www.jreast.co.jp/suica/etc/rule/index.html#anchor-1)。

　次に，紛失した場合，記名Suicaは所定の手続により使用停止措置と再発行ができます。しかし，無記名Suicaはいずれもでき

第2章　消費者の視点から見る社会

ません。

> **（紛失再発行）**
> 第16条　1．記名Suicaの記名人が当該記名Suicaを紛失した場合は，次の各号の条件を満たすときに限って，当社は記名人の再発行の請求に基づいて，請求日翌日の窓口営業開始時間までに紛失した記名Suicaの使用停止措置を行い，14日以内に再発行を行います。ただし，当該記名Suicaに発売したSuica特別車両券がある場合は，当該Suica特別車両券の再発行は行いません。
> （1）再発行の請求に際して，記名人が別に定める申込書をSuicaを取り扱う駅に提出し，かつ公的証明書等を呈示して当該記名Suicaの記名人本人であることを証明できること
> （2）再発行する記名Suicaの引取りに際して，前項の手続きを行った記名人が記名Suicaの再発行を行う駅に公的証明書等を呈示し，当該記名Suicaの記名人本人であることを証明できること
> （3）記名人の氏名，生年月日，性別の情報が当社のシステムに登録されていること
> 2～6（略）
> 7．無記名Suicaについては，いかなる場合においても，第1項の規定による紛失再発行及び使用停止措置の取扱いを行いません。

さらに，紛失再発行を請求した場合，翌日の営業開始時間までに使用停止措置を完了することとしています。その間に紛失した記名Suicaが払い戻されたり，チャージしたSFが使われたりしても，補償されません。

> **（免責事項）**
> 第18条　1～2（略）
> 3．当社は紛失再発行の請求を受けた場合，翌日の営業開始時間ま

> でに使用停止措置を完了させます。紛失再発行の請求から使用停止
> 措置が完了するまでの間に,当該記名Suicaの払いもどしやSFの
> 使用等があった場合,当社はそれらを補償する責めを負いません。

　このように,利用規約によって,サービスの内容が具体的に示されています。取引のしくみを通じて提供される決済サービスであり,現金と異なり,利用条件があります。そして,同じ電子マネーでも,提供する事業者によって,サービスの利用条件は一様ではありません。ウェブサイトの利用規約で,規約を確認の上,「同意する」,「同意しない」というボタンを押す設定になっている画面がありますね。契約内容を確認するために,一度,読んでみましょう。もっとも,利用規約の文章の読みやすさも求められます。

5　購入後の使用と安全な使い方
　　　——スマホの情報セキュリティ対策

　消費者にとって,商品を購入したり,サービスを利用したりするのは,購入すること自体が目的ではありません。生活上,消費するため,使うために購入するのです。先ほどの電子マネーと同様,利用するサービスの内容を知ることによって,適切に使うことができます。そして,消費者が利用するサービスとして,安全に使えることが求められます。利用が広がっているスマートフォンの安全な使い方について考えてみましょう。現状において,スマートフォンの情報セキュリティ対策を取っている利用者の割合は,それほど高くないようです。

スマートフォンは，アプリケーションを追加することにより，ゲーム，写真や動画の撮影，編集，再生，音楽の再生，ショッピング，位置検索など，利用者の目的に応じて，いろいろな機能を使うことができます。その利便性の反面，ウイルスに感染する危険があります。そのための情報セキュリティ対策として，総務省では，次の3つの対策を推奨しています。

▶総務省「スマートフォン情報セキュリティ3か条」
1. OS（基本ソフト）を更新
　スマートフォンは，OSの更新（アップデート）が必要です。古いOSを使っていると，ウイルス感染の危険性が高くなります。更新の通知が来たら，インストールしましょう。
2. ウイルス対策ソフトの利用を確認
　ウイルスの混入したアプリケーションが発見されています。スマートフォンでは，携帯電話会社などによってモデルに応じたウイルス対策ソフトが提供されています。ウイルス対策ソフトの利用については，携帯電話会社などに確認しましょう。
3. アプリケーションの入手に注意
　アプリケーションの事前審査を十分に行っていないアプリケーション提供サイト（アプリケーションの入手元）では，ウイルスの混入したアプリケーションが発見される例があります。OS提供事業者や携帯電話会社などが安全性の審査を行っているアプリケーション提供サイトを利用するようにしましょう。インストールの際にはアプリケーションの機能や利用条件に注意しましょう。

　　（出所）　総務省「スマートフォン・クラウドセキュリティ研究会　最終報告〜スマートフォンを安心して利用するために実施されるべき方策〜」（2012年）(http://www.soumu.go.jp/menu_news/s-news/01ryutsu03_02000020.html)。

　その他，スマートフォンは，持ち歩いて利用することが多いた

め，盗難にあったり，紛失したりする可能性もあります。他人に不正に利用されないよう，普段からパスワードなどでロックをかけるといった対策も求められます。

そして，スマートフォンに蓄積される利用者の各種の個人情報の管理にも注意が必要です。利用者情報には，電話帳データ，位置情報，通信履歴，ウェブページの閲覧履歴といったものがあります。個人情報が不正に収集された次のような事例があります。

> ▶個人情報が不正収集された事例
>
> メールやソーシャル・ネットワーク・サービス（SNS）を通じて，便利な機能を持つアプリケーションに偽った不正なアプリケーションを紹介し，利用者にインストールさせるなどの事例が確認されています。この不正なアプリケーションをインストールし，アドレス帳情報が外部に送信されてしまったなどのトラブルが発生しています。
>
> （出所）内閣府サイバーセキュリティセンター「国民を守る情報セキュリティサイト」(http://www.nisc.go.jp/security-site/smart-phone/risk.html)。

アプリケーションを利用する際に，収集・送信される情報やその目的を確認すること，そして，十分な説明がなく情報が収集され，自分や友人等，周りの人の個人情報が流出することのないよう，信頼できないアプリケーション提供サイトの利用は避けることなどの対応が求められます。

スマートフォンを利用する際に，プライバシーに関する情報管理について注意すべき事項として，総務省は「スマートフォンプライバシーガイド」として3点挙げています。

図 2-10 スマートフォン利用時の注意事項

安心してアプリを利用するために
スマートフォンプライバシーガイド

1 スマートフォンのサービス構造を知りましょう

- ☑ スマートフォンは多くの事業者がそれぞれの役割を持ってサービスを提供しています。
- ☑ スマートフォンには様々な利用者情報が蓄積されています。
- ☑ 利用者情報はアプリの機能に使用されるほか、広告配信事業者等へ送信され、利用者の趣味・嗜好に応じた広告の表示等に使用される場合もあり、アプリによっては広告の収入によって無料で提供されています。

2 利用者情報の許諾画面等を確認しましょう

- ☑ スマートフォンでは、自由にアプリをダウンロードして利用できますが、その分自己責任が求められます。アプリの信頼性を確認するように努めましょう。
- ☑ アプリの信頼性を確認するためには、利用者情報がどのような目的で取得され、必要以上の取得となっていないかなどもヒントになります。
- ☑ アプリのダウンロードや利用（起動）時等に、アプリの利用規約やプライバシーポリシー等を読み、取得される利用者情報の範囲等をよく確認し、内容を理解した上で、同意・利用するよう努めましょう。

許諾画面等では内容を"よく確認"しよう！

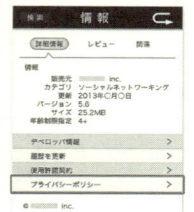

（出所）総務省「スマートフォンプライバシーガイド」（抜粋）（http://www.soumu.go.jp/main_content/000227662.pdf）。

> ▶総務省「スマートフォンプライバシーガイド」
> 1. スマートフォンのサービス構造を知りましょう。
> 2. アプリケーションの信頼性に関する情報を自ら入手し理解するように努めましょう。
> 3. 利用者情報の利用許諾画面などを確認しましょう。

6 「消費者力」を身につけること

(1) 消費者の権利

　消費者問題は，衣食住をはじめとする生活全般に関わっています。そのしくみや成り立ちを理解することは，若い世代の人たちがこれから生活していく力，生きていく力につながります。自ら得た知識や情報に基づいて行動し，自らの消費生活を実現する消費者となるよう，「消費者力」を身につけましょう。

　そして，そのような姿勢や行動は，私たちが暮らす社会をつくることにつながります。消費者には次のような「消費者の権利」があります。

> ▶消費者基本法に定める「消費者の権利」
> ① 国民の消費生活における基本的な需要が満たされること。
> ② その健全な生活環境が確保されること。
> その中で，
> ③ 消費者の安全が確保されること。
> ④ 商品および役務について消費者の自主的かつ合理的な選択の機会が確保されること。
> ⑤ 消費者に対し必要な情報が提供されること。

⑥ 消費者に対し教育の機会が提供されること。
⑦ 消費者の意見が消費者政策に反映されること。
⑧ 消費者に被害が生じた場合には適切かつ迅速に救済されること。

　これらの権利を，私たちが生きていく権利（生存権）として実現できる社会をつくることが，社会に生活する市民としての役割といえるでしょう。

　消費者問題に対応する社会的枠組みについて，消費者問題に対応する行政を「消費者行政」，その施策を「消費者政策」といいます。消費者行政は，消費者の権利を尊重し，消費者の自立を支援することを基本理念として，消費者問題に対応します。

(2) 消費者トラブル・被害の発生と対応

　消費生活上のトラブルや被害にあったときの対応について考えてみましょう。消費者が被害救済を受けることは消費者の権利の1つです。

　2014（平成26）年度に実施した消費者の意識調査によると，この1年間に購入した商品や利用したサービスについて，何らかの消費者被害・トラブルを受けた経験がある人は10.6％です。2013（平成25）年度の8.0％よりも2ポイント程度増加しています。

　被害を受けた商品・サービスについて相談，または申し出をしたかどうかについては，相談・申し出を「した」という回答が51.2％，「誰にもしていない」という回答は43.2％となっています。相談・申し出をした割合は，2013（平成25）年度と比較すると，43.1％から8.1ポイント増加しています。

　相談または申し出をした相手については，「商品やサービスの

図2-11 消費者行政

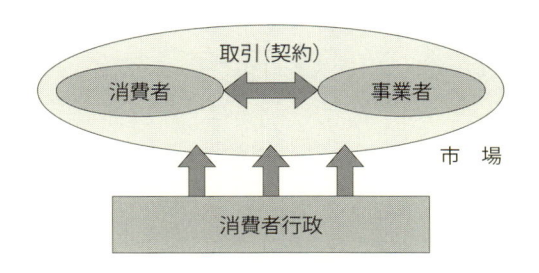

表2-4 購入商品や利用サービスでの消費者被害・トラブルの経験

	2013年度	2014年度
けが，病気をする等，安全性や衛生に問題があった	0.5%	1.3%
機能・品質やサービスの質が期待よりかなり劣っていた	6.1%	7.9%
思っていたよりかなり高い金額を請求された	0.8%	2.4%
表示・広告と実際の商品・サービスの内容がかなり違っていた	2.5%	4.9%
問題のある販売手口やセールストークにより契約・購入した	0.4%	1.4%
契約・解約時のトラブルにより被害に遭った	0.4%	1.1%
詐欺によって事業者にお金を払った（又はその約束をした）	0.2%	0.3%
その他，消費者被害の経験	0.7%	1.6%
上記のいずれかの経験があった	8.0%	10.6%

（注）「あなたがこの1年間に購入した商品，利用したサービスについて，以下に当てはまる経験をしたことはありますか。」との問いに対する回答。
（出所）消費者庁「平成27年版消費者白書」「第2章第2節(2)消費者被害・トラブルの経験」(http://www.caa.go.jp/adjustments/pdf/27hakusho_1.pdf)。

第2章 消費者の視点から見る社会　077

**図2-12　被害を受けた商品・サービスについての相談
　　　　　または申し出の有無**

この1年間に購入した商品，利用したサービスについて，被害経験が「ある」と回答した人（682人）のうち，525人が記入した613件の被害事例を集計した結果である。

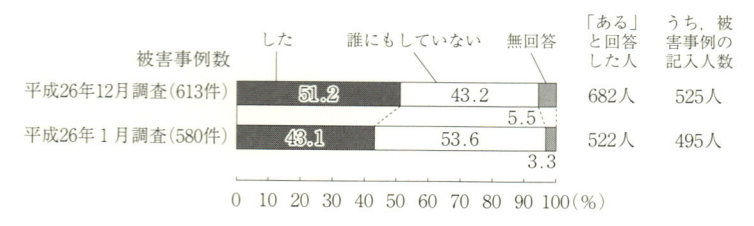

被害事例数	した	誰にもしていない	無回答	「ある」と回答した人	うち，被害事例の記入人数
平成26年12月調査(613件)	51.2	43.2	5.5	682人	525人
平成26年1月調査(580件)	43.1	53.6	3.3	522人	495人

（注）　平成26年1月調査では，「相談の有無」となっている。
（出所）　消費者庁「消費者意識基本調査（平成26年度実施）」(http://www.caa.go.jp/adjustments/index_16.html)。

提供元であるメーカー等の事業者」が45.2％で最も多く，「家族，知人，同僚等の身近な人」が36.9％，「商品・サービスの勧誘や販売を行う販売店，代理店等」が29.3％などと続きます。

　現状では，相談や申し出をしている割合は半数程度です。消費者が取引に対して不満を感じたり，被害を受けたと思ったときに，それを認識し，不満・被害を解消するためにどう行動を起こすかということも，消費行動の一部といえます。しかし，消費者は行動を起こすことに必ずしも積極的ではなく，被害が潜在化しやすい傾向が見られます。

(3)　消費生活相談

　都道府県や市町村では，消費生活センターや消費生活相談窓口を設けて，消費者からの相談を受け付けています。独立行政法人国民生活センターで相談を行う場合もあります。取引に関するト

図2-13 被害を受けた商品・サービスについての相談または申し出をした相手

〔525人が記入した613件の被害事例数のうち、相談または申し出をした314件を集計した結果である。〕

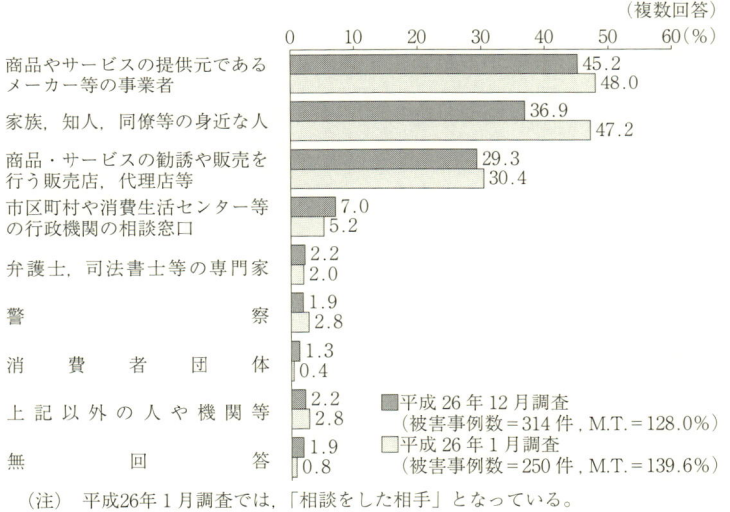

（複数回答）

相手	平成26年12月調査	平成26年1月調査
商品やサービスの提供元であるメーカー等の事業者	45.2	48.0
家族，知人，同僚等の身近な人	36.9	47.2
商品・サービスの勧誘や販売を行う販売店，代理店等	29.3	30.4
市区町村や消費生活センター等の行政機関の相談窓口	7.0	5.2
弁護士，司法書士等の専門家	2.2	2.0
警察	1.9	2.8
消費者団体	1.3	0.4
上記以外の人や機関等	2.2	2.8
無回答	1.9	0.8

■ 平成26年12月調査（被害事例数＝314件，M.T.＝128.0％）
□ 平成26年1月調査（被害事例数＝250件，M.T.＝139.6％）

（注）平成26年1月調査では，「相談をした相手」となっている。
（出所）図2-12に同じ。

ラブルや被害の解決に向けて，専門の資格を有する相談員などが，助言，あっせん，情報提供などを行います。来所による相談もできますが，電話による相談の割合が非常に高くなっています。地元や学校に近い消費生活センターについて調べてみましょう。トラブル・被害の申し出先として，消費生活など行政の相談窓口への相談が行われる割合は，3％程度と見られます。

最近の調査によると，国民生活センターおよび消費生活センターの認知度について，両方，またはいずれかを知っている割合は，8割程度です。そのうち，実際に利用したことがある割合は1割

図2-14　相談窓口の利用を呼びかける若者向けチラシ

（出所）「悪質商法被害防止共同キャンペーン（平成27年度東京都版）」（抜粋）（https://www.shouhiseikatu.metro.tokyo.jp/center/campaign/wakamono_leaf.html）。

表2-5 若者相談に多い販売方法・商法別 相談件数推移

(単位:件)

	若者相談					相談全体※	若者相談が占める割合
	平成22年度	平成23年度	平成24年度	平成25年度	平成26年度上半期	平成26年度上半期	(26年度上半期)
インターネット通販	5,826	5,967	5,104	5,704	3,342	15,752	21.2%
架空・不当請求	4,719	4,427	3,254	3,153	1,992	10,215	19.5%
サイドビジネス商法	400	520	555	745	432	801	53.9%
無料商法	876	671	625	741	400	1,653	24.2%
マルチ・マルチまがい商法	377	443	464	639	349	688	50.7%
クレ・サラ強要商法	100	210	229	411	250	280	89.3%
アポイントメントセールス	196	210	304	330	200	275	72.7%
キャッチセールス	365	318	332	351	166	216	76.9%

(複数選択項目)

(注) ※相談全体は年齢不明・未記入を除いた件数。
(出所) 東京都「若者」の消費生活相談の概要」(平成26年度) (http://www.shouhiseikatu.metro.tokyo.jp/sodan/tokei/documents/theme_2702.pdf)。

程度です。消費生活センターでは,相談のほか,消費者向けの講座や,ウェブサイトによる情報提供などを行っています。

東京都の若者(契約当事者が29歳以下)に関する最近の消費生活相談の状況は**表2-5**のようになっています。「インターネット通販」や「架空・不当請求」の件数が多くなっています。「通信販売」などの店舗外での取引に関する相談が多いのも特徴です。

消費生活に関する知識や情報を得ることと同時に,トラブルや被害にあったときの対応についても,日頃から意識しておきたいものです。

● 読書案内

正田彬『消費者の権利〔新版〕』(岩波新書,2010年)

　同書のタイトルとなっている「消費者の権利」は,消費者問題を考えるときに最も重要なキーワードです。今日の経済社会において,私たちが人間として尊重される消費生活を送るための社会のあり方やしくみについて説いています。1972年に刊行された旧版を全面改訂したものです。

及川昭伍・田口義明『消費者事件　歴史の証言――消費者主権へのあゆみ――』(民事法研究会,2015年)

　わが国の消費者行政や消費者政策は,高度経済成長期以降,時代ごとに起こる消費者問題・事件を背景として展開されてきました。さまざまな立場で長年にわたり消費者行政に関わってきた著者へのインタビューを通じて,消費者の権利の確立に向けた消費者行政を展望します。

村千鶴子『消費者はなぜだまされるのか　弁護士が見た悪質商法』(平凡社新書,2004年)

次々と変化し，新しい手口が出てくる悪質商法。若者の間にもキャッチセールスやマルチ商法などの被害が広がっています。なぜ被害にあうのか，被害にあわないためにはどうすればよいのか，そして被害をなくすためにできることは何かを，弁護士である著者が語ります。

高橋久仁子『フードファディズム——メディアに惑わされない食生活』(中央法規，2007年)

　企業やメディアから，さまざまな食をめぐる情報が発信されています。「適切に食べる」ために，その情報をどう見極めるか。そして，自身の食生活をどう管理運営していくのか。食育の必要性が強調される昨今，「衣食住」といわれるように，生活の基本である食生活をどう組み立てていくのかを考えさせる1冊です。

岩村諭・谷村賢治編著『消費者市民社会の構築と消費者教育』(晃洋書房，2013年)

　消費者が市民として参画し，形成される「消費者市民社会」という新しい概念について，その考え方をひも解き，そのための教育である「消費者市民教育」とは何かを考察しています。そして，環境，行政，食品，商品・サービス，広告，デジタル産業，子どもを抱える家庭における消費生活の実態の各項目から，消費者教育を実践する上での視点を提供しています。

珈琲たいむ

消費者問題って何？
～問題を知るキッカケ～

　私は，ペットボトルの飲みものなどについてる「おまけ」を集めるのが，とても好きです。品物を買うよりも，おまけが欲しくて買いたくなってしまうことも……。「大人買い」という言葉もありますね。おまけのことを「景品」と言いますが，これも消費者問題の1つです。若い世代の皆さんが「消費者問題」に気づくキッカケを，大学生活を通して考えてみたいと思います。

　＜その1＞　大学生の中には，朝食を摂らない人が，けっこういるようです。最近，食品に含まれている栄養成分を表示することが，法律で義務化されました。エネルギー（熱量）など5成分を表示します。コンビニのお弁当やお菓子のパッケージなどを見てください。健康な食生活のための情報源とするためのものです。自分の食生活に目を向けてみましょう。

　＜その2＞　カラーコンタクトレンズやまつ毛エクステンションといった，おしゃれアイテムや美容関連のサービスを利用したことはありますか。目元を印象づけるアイメイクに関心を持つ人は少なくないと思います。しかし，カラーコンタクトやまつ毛エクステによって，目に傷がつくなどのトラブルが発生しています。目に負担をかけない使いかたや，使うことによる危険性にも目を向けてみましょう。

　＜その3＞　「無料体験」，「アンケート調査」といいながら，高額な契約を結ばせる，キャッチセールスなどの，いわゆる悪質商法によるトラブル・被害が多発しています。「簡単にもうかる」と，商品などの販売組織への加入を勧められる，友人・知人を介した「マルチ商法」にも注意しましょう。大学への入学当初，サークル活動，就職活

栄養表示の例

栄養成分表示（100 g）あたり

熱量 130 kcal
たんぱく質 4.3 g
脂質 9.3 g
炭水化物 7.7 g
食塩相当量 1.2 g

動やアルバイトなど，いろいろな出来事をきっかけとして勧誘を受けることがあります。周りをよく見て，慎重な行動を。

第3章 労働者の視点から見る社会

1 労働法ってナニ？ 労働者ってダレ？

「ろーどーほー」、「ろーどーしゃ」。うーん、ひらがなで書いても、やっぱり堅苦しさは否めないでしょうか。

今この本を読んでくれている人の中には、毎日バイトの鬼と化して（ときには学問よりも一生懸命に？）バリバリ働いているという人も多いのではないでしょうか。または、社会人として、日々仕事に邁進しているという人もいるでしょう。

学生が学業の合間にやるバイト（間違っても「バイトの合間にやる学業」にならないように……）であっても、正社員としてフルタイムの仕事に従事している場合であっても、いずれも、「誰かに雇われて仕事をして、その仕事の対価としてお給料をもらっている」のであれば、立派な「ろーどーしゃ」であり、「ろーどーほー」の適用を受けることになります。

　　　働けど　働けどなお　我が暮らし
　　　　　楽にならざり　じっと手をみる

1910（明治43）年にわずか26歳で世を去った夭逝の歌人石川啄木による有名な短歌ですね。「どれだけたくさん働いても、一向に暮らしは楽にならないのはなぜだろう？　途方に暮れて、思わ

ずじっと自分の手を見つめてしまう……」。うー，今読んでも切ない。

　啄木は才能あふれる若き文学者でしたが，生前はその才能が世間になかなか認められず，代用教員や地方新聞の校正係など生活のためにさまざまな職に就いていました。啄木はこのころ，成功していった作家たちに嫉妬しては，彼らを口汚くののしっていたそうです。さらに，なけなしのお金で酒に溺れては周りの人に借金をして，迷惑をかけまくっていたとの記録が残っています。今でいう典型的な「駄メンズ」ですね。

　でも，そんな「駄メンズ啄木」が100年以上も前に詠んだ歌のような気持ちを，あなたも抱いたことはないでしょうか。現在，日本では，「官製春闘」と呼ばれる国家主導による賃上げの動きが活発ですが，実際には，賃上げを実感しているのはごく一部の大企業で働く労働者だけということも夙に指摘されているところです。春風の暖かさを実感している人は，悲しいかな，ほんの一握りなのかもしれません。

　いつの時代も，雇われて働いている人びとは，さまざまな悩みや苦しみを抱いています。ある缶コーヒーのテレビコマーシャルや雑誌広告の「世界は誰かの仕事でできている」というキャッチコピー（**図3-1**），なかなかいいですね。そう，誰かの仕事がなければ，私たちの社会は1日たりとも成り立ちません。

　だからこそ，働くあなた，そして働くすべての人びとの労働生活を根っこから支える「ろーどーほー」を学ぶことは，私たちの社会を知ることにつながるのです。

図3-1　世界は誰かの仕事でできている

（出所）『週刊GEORGIA』特別号（KADOKAWA，2015年3月）の広告より転載（部分）。

(1)「労働者はツライよ」はホント？——労働法誕生の歴史

時は明治……

　日本における労働法の歴史は，啄木が亡くなった1年後の1911（明治44）年に制定された「工場法」から始まります。2015年に放映されたNHKのドラマ「足尾から来た女」では，当時の鉱山労働者たちが劣悪な労働環境を改善しようと，経営者の暴力的な支配に対して一致団結して闘うシーンが登場しました。尾野真千子演じる新田サチは，読み書きができない取り立てて何も特徴のない農家の娘でしたが，彼女が次第に社会問題に目ざめていく様子が描かれていました。そう，まさにそれは，日本における労働者意識の萌芽の時代でした。

　工場法は，女性労働者や年少労働者の最低年齢規制，最長労働時間，産前産後休暇など，現在の労働基準法に連なる内容が多く

含まれていました。しかし，当時はまだ紡績工女や年季奉公などのように，搾取と専制に基づいた労使関係が珍しくありませんでした。また，労働組合運動も厳しく制限されていたので，労働者の団結は文字通り「命がけ」でした。

労働組合から産業報国会へ

その後日本は，天皇主権のもと他国への侵略と泥沼の世界大戦に突き進む「戦争の世紀」を迎えます。戦争体制の中では，あらゆる性別，年齢，階級，地位，職業の者たちが，異議を唱えることなく戦争への協力を求められました。まさしく「国家総動員」です。

このような中で，労働組合も戦争協力に邁進していきました。すべての労働組合は「産業報国会」と名を変えて，「すべての労働はお国のために」と戦争に協力していきました。

当時の政府は，道府県を指導して産業報国会を結成するように奨励し，道府県は，労働組合を自主解散させて，産業報国会を結成するよう促すとともに，労働組合がないところには産業報国会をつくるよう働きかけました。

その結果，労働者と使用者は対立させず，国や道府県，会社・事業所，社長から従業員にいたるまで，すべて一致団結して戦争に勝つための生産活動に向かわせることに成功しました。ある意味では，「労働者も経営者の垣根をなくす」という，いわば理想郷のような態勢を，国家がつくり上げたということもできます。しかし，その背後には「戦争」がありました。「戦争」があらゆる階級を取り込み一体化させる……，歴史はその恐るべき事実を私たちに教えてくれます。労働法を学ぶときに，このような過去

の歴史があることを忘れるべきではないでしょう。

なお，日本が無条件降伏した1945（昭和20）年には，すべての産業報国会が解散させられ消滅しました。

戦後「新生労働法」への道

戦後の労働政策の立て直しは，GHQの占領政策のメインイシューでした。1945（昭和20）年12月に旧労働組合法が制定（1949年に全面改正）されたのを皮切りに，1946（昭和21）年に労働関係調整法，1947（昭和22）年に労働基準法，労働者災害補償保険法，職業安定法，失業保険法（※現雇用保険法）と，戦後わずか数年の間に，現在に連なる主要な労働法規が続々と誕生しました。

そして，枯れていた花が息を吹き返したかのような勢いで，労働運動も復活しました。マッカーサーのいわゆる「5大改革」の中の1つに「労働組合の結成奨励」がありました。日本国憲法28条には「団結権・団体交渉権・団体行動権」の労働3権が保障され，労働組合法には，労働組合の活動を保障するさまざまな規定が盛り込まれました。

とはいえ，その勢いが予想外のものだったため脅威に感じたGHQは，今度は一転，つぶしにかかりました。マッカーサーによる「2・1ゼネスト」の中止命令はあまりにも有名ですね。また，この後，公務員の労働基本権も次第に制限が強まっていきました。現在も公務員の種類によって違いはあるものの，労働基本権は制限されたままです。ちなみに，なかでも労働3権がまったく認められていない公務員は，防衛庁，警察庁，海上保安庁，刑務所，消防庁の職員です。なぜ，公務員は民間労働者と同じように労働基本権が認められていないのでしょうか？　そして，果た

してそれは正しいことなのでしょうか？　考えてみましょう。

雇用における男女平等

　1947年制定の労働基準法は，女性労働者を男性労働者とは区別して扱い，保護の対象としました。「女の結婚はクリスマスケーキ」というたとえ話を知っていますか？　これは，女性は「クリスマス＝25日＝25歳」を過ぎれば「売れ残り」とされるクリスマスケーキになぞらえたものです。うまいいい方を考えたものだと思いますが，若い世代の人からすれば，時代錯誤すぎてピンと来ないかもしれませんね。当時の企業には「女性若年定年制」や「結婚退職制」も当たり前のようにありました。「職場のアイドル　女子社員採用」「職場の花　女子社員募集」(**図3-2参照**)なんていう求人広告も，当時は違法ではありませんでした。「あ，荷物ですか。じゃあ今からウチの若いコに取りに行かせますね〜」といった感じで，まさに女性労働者は企業にとって「ウチの若くてかわいくて明るい女のコ」であればそれでよい存在だったのです。

　しかし，1970年代から始まった世界的な男女平等取扱いを求める動きは，日本にも徐々見られるようになりました。1985（昭和60）年には「女性差別撤廃条約」を批准し，女性のみを対象とした差別的な労働慣行を違法と断ずる判例も多く出されるようになりました。このようなうねりはとどまることがなく，ついに政府は，雇用の場における男女平等の推進を余儀なくされることになりました。

　このような経緯から，政府は1985（昭和60）年に男女雇用機会均等法（以下，均等法）を制定し，女性労働者の平等取り扱いを図

図3-2 1960-70年代の求人広告の例

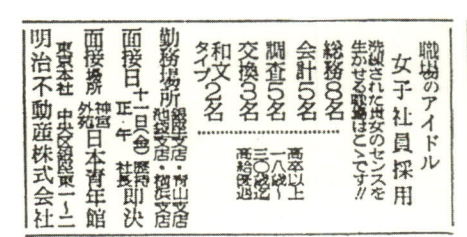

(出所) 天野祐吉監修『求人広告半世紀』(リクルート，1991年) より1973年 (上) と，1963年 (右) の求人広告の事例より転載。

るとともに，労働基準法を改正し，母性保護を除く女性を対象とするさまざまな保護規定 (たとえば，深夜業の禁止，時間外労働の制限など) を撤廃しました。現在，大学生の中には，午後10時以降の深夜時間帯にバイトする人が当たり前のようにいますが，かつて女子学生は，それができなかったのです。労働法の授業などでこのことをいうと，学生たちはとても驚きます。

このときの法改正の際には，いわゆる「保護か平等か論争」が広く巻き起こりましたが，結果的には，「平等」を取ったかたちになったわけです。その後1997 (平成9) 年には均等法が改正され，それまで努力義務にとどまっていた規定を明確な禁止規定としました。

均等法はその後も数回改正され，さらなる雇用均等の推進が図られているところです。

平成不況の中で——劣化する労働

　2008（平成20）年9月の米国投資銀行リーマンブラザーズの経営破綻は，国際的な金融危機を引き起こし，日本にもその影響は及びました。2009（平成21）年になると，完全失業者は300万人の大台に上り，完全失業率も5％を超えました。このころは，「ワーキング・プア」，「派遣切り」，「貧困」，「ホームレス」といった言葉が人口に膾炙しました。

　経済不況に陥った際に，雇用を失うリスクが高いのは，パート，アルバイト，派遣社員，契約社員といった非正規雇用に就く労働者です。非正規雇用労働者の多くは有期契約でいつ契約が切られるか……という不安におののいています。さらに，雇用保険，厚生年金，健康保険といった社会保障制度の網から漏れていることが多く，再就職を果たそうと職探しをする間にも生活が逼迫し，取りあえず食いつなぐために，また不安定雇用に就かざるをえないといった状態が発生します。いつまで経っても自転車操業のその日暮らしでは，結婚したり，家庭を築いたりといった将来の展望がなかなか持てないのも当然でしょう。

　戦後日本の雇用慣行は，「三種の神器」といわれる制度に裏打ちされてきました。三種の神器とは，①終身雇用，②年功序列，③企業内組合，のことです。つまり，日本型雇用慣行は，じっくり，ゆっくり，1人の人間を育て上げるという長期的な視点に基づいていました。

　実は，日本型雇用慣行には，その対象に女性が想定されておらず，さらに，長期安定雇用の保障の引き換えとして，「際限なき長時間労働」，「広範な業務命令権の容認」，「会社への忠誠心の実質的強要」，といった「交換条件」もありましたので，労働者が

無条件に恵まれていたわけではありません。しかし少なくとも，労働者を短期的な視点でしか考えず，コマ切れ雇用で「必要なときに必要なだけ使う」といった発想はあまり見られなかったということはいえるでしょう。

「日本型雇用慣行はもう過去の遺物だ。これからは，労働者が自らの能力を売り込み，企業はその能力を評価するかどうかを決めれば良い」という声もありますが，果たして，どうでしょうか。人間にとって，働くことは生きることであり，社会は働く人たちによって築かれるものです。ということは，労働の劣化は，そのまま社会の劣化につながるおそれがあるのではないでしょうか。

(2) 労働法の全体像をぐるっと眺めてみると……

これまで，簡単ではありますが，戦後の日本の労働法のあゆみをたどってきました。それでは，ここで，現在の「労働法」のしくみについて，お話ししていきましょう。

労働法ってナニ？

労働法といっても，「労働法」という名前がついた1つの法律があるわけではありません。労働者や使用者，賃金や労働時間など，働く人や働くことに関する多くの法律をひとまとめにして労働法と呼んでいます。「労働法」というグループの中には，これまで登場した労働基準法や労働組合法，均等法，最低賃金法といった法律が含まれています。

さて，皆さんが会社に就職しようとする場合，皆さん（働く人＝労働者）と会社（雇う人＝使用者）との間で，「ここで働きます」，「あなたを雇います」という約束＝労働契約が結ばれます。どの

ような条件で働くかといった契約内容についても，すべて労働者と使用者が対等な立場で決めるというのが基本です。労働基準法第2条には，次のように，「労使対等原則」がしっかりと定められています。

> 労働基準法第2条：労働条件は，労働者と使用者が，対等の立場において決定すべきものである。

でも……，ちょっと考えてみてください。労働者と使用者はホントに対等なの？ そして，対等という前提で，ホントに契約を自由に結んでよいの？ そう思ったあなたは正しいです。

実際には，労働者と使用者は対等な立場にはなりえません。まず，労働者が採用されるか否かについては，使用者が100％決定権を握っています。普通の契約関係ではまずありえないことですよね。また，労働者はどこかに雇ってもらって給料をもらわなければ，生計を立てていくことができません。したがって，雇ってもらうためには，給料や働く時間に不満があっても，会社の提示した条件通りに契約を結ばなければいけないかもしれません。さらに，もっと高い給料で働きたいといって，会社と交渉しようとしても，「ほかにも働きたい人は山ほどいるんだから，この条件で嫌だったら他のところへ行けばいいじゃん」と会社にいわれてしまえば，それで終わりです。そう，結局は会社の一方的な条件に従わざるをえない状況になってしまいます。

かたちだけの「労使対等」を前提にして当事者の自由にしてしまうと，実際にはきわめて弱い立場に立つ労働者は，低賃金，長時間，休憩，休日も一切ナシといった劣悪な労働条件のもとで労

働契約を結ぶことになります。でもそれでは，結局のところ「奴隷」のような働かせ方すら可能になってしまいます。

　そこで，このようなことにならないよう，労働法は，構造的な労働者の弱さをフォローし，下から労働者をバックアップするために誕生した法律分野です。その思想を象徴した条文が，労働基準法第1条にあります。

> 労働基準法第1条：労働条件は，労働者が人たるに値する生活を営むための必要を充たすべきものでなければならない。

　そう，労働条件は，労働者が「人たるに値する生活」を営むための必要を充たすべきものでなければならないのです。法律がこんなことをいってくれているとは，ちょっと感動しませんか。

自転車の両輪のごとく……

　さて，ここでもう少し細かく見ていきましょう。このように誕生した労働法という法律分野ですが，その中には実にさまざまな法律が含まれます。そして，その法律の性質によって，大きく「個別的労働関係法」と「集団的労働関係法」の2つのグループにまとめることができます。

　私は，大学の労働法の最初の授業でこの話をするときに，いつも黒板に（ヘタクソな）「自転車の絵」を描きながら話をします。つまり，「個別的労働関係法」と「集団的労働関係法」，どちらが欠けてもだめで，自転車の両輪のように両方が存在してお互いに作用し合うことで，初めて労働法が前に進んでいくのだというこ

図3-3　「個別労働関係法」と「集団的労働関係法」の関係

（出所）　著者描画。

とがいいたいのですが……。

　「個別的労働関係」とは，1人ひとりの労働者個人と使用者との間の関係のことです。たとえば，求人広告に応募する，採用する，労働契約を交わす，賃金を払う，残業をする，有給を取る，退職する……といったことに関わる法律のグループが個別的労働関係法です。

　一方，「集団的労働関係」とは，労働者が労働組合をつくる，労働組合に入る，労働組合が団体交渉をする，労働組合がストライキをする……といった，労働組合といういわば「労働者の，労働者による，労働者のための」組織と使用者との間の関係のことです。

　個別的労働関係法の根底には日本国憲法第27条の勤労権が，集団的労働関係法の根底には日本国憲法第28条の団結権の規定

表3-1 個別的労働関係法・集団的労働関係法に属する労働各法

	個別的労働関係法 （日本国憲法第27条）	集団的労働関係法 （日本国憲法第28条）
法　律　名	労働基準法 労働契約法 男女雇用機会均等法 パートタイム労働法 育児・介護休業法 最低賃金法 労働安全衛生法 賃金支払確保法 労働者災害補償保険法 家内労働法	労働組合法 労働関係調整法 国家公務員法 地方公務員法 行政執行法人の労働関係に関する法律 地方公営企業労働関係法

が，それぞれ横たわっています。それぞれのグループに属する法律を図にまとめておきましたので，ご参照ください（**表3-1参照**）。

日本国憲法第27条：すべて国民は，勤労の権利を有し，義務を負ふ。
　　　　　　　 2：賃金，就業時間，休息その他の勤労条件に関する基準は，法律でこれを定める。
　　　　　　　 3：児童は，これを酷使してはならない。：
日本国憲法第28条：勤労者の団結する権利及び団体交渉その他の団体行動をする権利は，これを保障する。

労働者ってダレ？——その1：労働基準法の「労働者」

　労働法の保護を受ける「労働者」って誰のことなのでしょうか。今バイトしてるけど，本来の身分は学生だし，週2回しか働いてないから関係ないか……と思っているあなた，それは大きなマチガイです。

第3章　労働者の視点から見る社会

誰かに雇われて働いている人は、どんな人でも「労働者」として扱われます。だから、正社員だけでなく、派遣社員、契約社員、パート、アルバイト、いかなる働き方であってもすべて「労働者」として労働法の適用を受けます。

　労働基準法9条では、「労働者」を、「職業の種類を問わず、事業または事業に使用される者で、賃金を支払われる者」と定義しています。実際に、労働者か否かという判断（これを「労働者性判断」といいます）は、法律を四角四面に解釈するのではなく、その人の「就労の実態」に即して客観的に判断されることになっています。たとえば、契約の形式が民法上の「請負」や「委任」となっていたとしても、実態において「労働者性」の基準を満たしているならば、それはれっきとした「労働者」だと判断されます。

　それでは、具体的には、どのように実態の判断をしているのでしょうか。これまでの裁判例を見てみると、だいたい次のような基準に照らし合わせて判断しています。

- 仕事の依頼、業務の指示等に対する諾否の自由があるかどうか。⇒あれば労働者性が否定される。
- 業務内容や遂行方法に対して指揮命令があるかどうか。⇒あれば労働者性が肯定される。
- 勤務場所・時間についての指定・管理があるかどうか。⇒あれば労働者性が肯定される。
- 労務提供の代替可能性があるかどうか。⇒あれば労働者性が否定される。
- 報酬の労働対償性があるかどうか。⇒あれば労働者性が肯定される。
- 事業者性（機械・器具の所有・負担関係・報酬の額など）があ

るかどうか。⇒あれば労働者性が肯定される。
- 専属性があるかどうか。⇒あれば労働者性が肯定される。
- 公租公課の負担（源泉徴収や社会保険料）があるかどうか。⇒あれば労働者性が肯定される。

　労働者性を認めた判例として，次の2つを紹介しておきます。

❶入店契約を結んで働いていたホステス：クラブ「イシカワ」事件（大阪地方裁判所平成17年8月26日判決（『労働判例』第903号83頁））

　原告のホステスには，業務の応諾の自由が認められないこと，業務遂行上の指揮監督が認められること，タイムカードで管理され遅刻や欠勤の制裁があり，拘束性が認められること，売上額に応じて加算される報酬には労務対償性が認められること，といったような理由から労働者性を肯定しました。

❷パン類を外交員として販売し，販売実績に応じて販売手数料を受ける外交員契約：株式会社中部ロワイヤル事件（名古屋地方裁判所平成6年6月3日判決（『労働判例』第680号92頁））

　パン類を外交員として販売し，販売実績に応じて販売手数料を受け取る外交員契約を結んで働いていた原告に関して，締結した契約書に独立の営業主として扱う旨の規程がなかったこと，新規開拓顧客は会社の顧客名簿に登録され，外交員契約の解約時には会社に引き継がれることになっていたこと，単純な販売作業に従事し，歩合手数料・半期手数料・退職慰労金の給付を受け，それらは出来高に応じて給付額が確定すること，といったような理由から，本契約は労働契約であり，手数料は賃金であるとされました。

逆に，労働者性を否定した判例として，次の2つを紹介しておきます。

❸NHKの受信料集金員：NHK盛岡放送局事件（仙台高等裁判所平成16年9月29日判決（『労働判例』第881号15頁））

受信料の集金業務を行う原告には，就業規則が適用されないこと，業務の遂行時間・場所・方法等は，受託者の自己裁量であること，NHKからの指示を拒否する自由があること，収入を確定申告していること，業務の再委託や兼業も自由であること，といったような理由から，労働者性が否定されました。

❹証券外務員の労働者性：山崎証券事件（最高裁判所判決昭和36年5月25日判決（『民集』第15巻5号1322頁））

会社と証券外務員である原告との間に成立した外務員契約は，労働契約ではなく，委任もしくは委任類似の契約であり，少なくとも労働基準法が適用されるべき性質のものではないとして，労働者性が否定されました。

労働者ってダレ？——その2：労働組合法の「労働者」

へえー，ただ単にどこかで働いているからといって，即「労働者」となるわけじゃないんだ……と驚いたでしょうか。ここで，もう1つの「労働者性」の判断基準をお話ししましょう。上記で述べてきたのは「労働基準法」に基づく労働者だったのですが，ここでは「労働組合法」に基づく労働者のオハナシです。

えっ，労働基準法と労働組合法とでは「労働者」の範囲が異なるの？　とまたまた驚いたでしょうか。そうなんです。重なる部分も多いですが，異なる部分もあるんですね。

まずは，労働組合法第3条で規定されている「労働者」についい

て見てみましょう。そこには、「職業の種類を問わず、賃金、給料その他これに準ずる収入によつて生活する者」と定められています。労働基準法と違って、労働組合法における労働者とは、賃金が現に支払われていることは必ずしも前提ではなく、労働条件全般について、使用者と団体交渉を行うことを認めるべきか否か、といった点に重点が置かれています。団体交渉というものは、たとえばそのときに失業している労働者であったとしても、当時在籍していた勤め先の労働条件等について、団体交渉を求めることがあるからです。

　簡単にいえば、労働基準法における労働者よりも、労働組合法における労働者の方が、より広範に認められていることになります。これまでに、お寺の僧侶、プロ野球選手、フランチャイズに加盟しているコンビニエンスストアの店主、交響楽団の演奏家などが、労働組合法上の「労働者」と認められた例があります。同じ労働者でも、それぞれの法律の対象や目的などによって、その範囲が変わるというのも面白いと思いませんか。

アイマイな労働者のワタシ――これはシゴト？　それともサービス？

　最近、「私って労働者なの？」と迷ってしまうようなかたちの働き方が広がりを見せています。これまでにも、福祉的就労といわれる形態で働く障害のある人びとがいます。福祉的就労とは、福祉的な支援を受ける就労のかたちであり、一般就労と明確に分けられた「サービス」としての位置づけです（**表3-2**参照）。福祉的就労は、「就労継続支援Ａ型事業」と「就労継続支援Ｂ型事業」という2つの事業に区分されていて、Ａ型は一般企業等で働くことが困難な人に、労働契約を結んで就労の機会を提供するも

表3-2　障害者の就労形態

形　態	内　容	人　数
一般就労	企業や官公庁で就労 特例子会社・重度障害者 多数雇用事務所を含む	約40万人
福祉的 就労	就労継続支援A型事業 雇用型	約4万人
	就労継続支援B型事業 非雇用型	約18万人

(平成26年6月現在)

のです。

　一方，より重い障害のある人びとが利用することの多いB型は，労働契約を締結しない「非雇用型」の就労の機会を提供するものです。B型は，労働法の適用を受けないため，利用者には賃金でなく「工賃」と呼ぶ金銭を支払っていますが，最低賃金法の適用も受けないため，おこづかい程度しか受け取れないという現状があります。もし，実態として「指揮命令」を受けたり，「時間・場所の指定」があったり，「諾否の自由」がないといったような環境があるとすれば，実質的に労働者性があるにもかかわらず，労働法の網の目からもれてしまっていることになります。

　さらに，2015年から新たに，またアイマイな働き方のかたちがスタートすることになりました。生活困窮者を支援する新たな枠組みとして「生活困窮者自立支援法」に基づく「生活困窮者就労訓練事業」(いわゆる「中間的就労」)が盛り込まれたのです。「中間的就労」という名前からして，どっちつかずなアイマイさがただよってくるのですが，これは，さまざまな生活上の困難によっ

て一般的な仕事に就くことが難しい人を対象に,「支援付き」の「就労の機会」を提供するというものです。

「就労の機会の提供」,「手厚い支援体制」といった非常に耳ざわりの良いスローガンが強調されているのですが,実際には,労働法の枠外に置かれたアイマイな立場に置かれる人が増えることになります。最低賃金の半分以下の時給で「中間的就労」を展開することによって,地方自治体の生活保護予算の大幅削減に「成功した」と称賛するメディアの報道もありましたが,「困窮している人をサポートしたい」という善意に基づく公的な制度が,結果的に劣悪な官製ブラック労働を拡散することになっては,元も子もありません。働けない人もしくは働いていない人に対し,いかに働いてもらうようにするかという,いわゆる「アクティベーション」といわれる政策が国際的にも推進されています。アクティベーションとは,これまで別個に扱われてきた,「雇用政策」と「社会福祉政策」を連携させて制度をつくるというシステムを指します。

これには,給付のような消極的措置よりも,職業訓練などの積極的措置に支出を振り向けることにより,就労を促進しようとするねらいがあります。さらに,アクティベーション政策により就業率が向上すれば,税金や社会保険料の支払いもある程度円滑になり,社会的な負担も軽減されると考えるのです。こうしたアクティベーション政策は「働くことがお得(=インセンティブ)になる」という方向性といえるでしょう。

でも,これは本当に万能な政策なのでしょうか。アクティベーションは,何が何でも仕事にさえ就ければいいという発想に陥りがちです。たとえばドイツでは,就労支援の一種である低劣な仕

事である「1ユーロジョブ」が、かえって大量の不安定就労者を生み出し、格差の拡大を招いているという批判もなされています。私たちは、諸外国の動向なども見据えながら、「低劣な労働の量産」に政府自ら手を貸すことの危険性をよく考えなくてはいけないでしょう。

2 労働者としての家族，家族としての労働者

(1) 「男は外，女は家」は超えられた？
女性が「輝く」という意味

　2015（平成27）年，「すべての女性が輝く社会」「女性が活躍する社会」というスローガンが、政府によって唱えられました。「女性活躍推進法」という名前のついた法律まで成立しました。この法律では、女性管理職の占める割合を目標として設定したり、企業がどの程度女性を登用しているのかを対外的に数値化して公表することを促したり（＝「見える化」）、一言でいえば、「女性が企業のなかでより指導的立場に立つことを促進する」ことを目的とした法律といえます。

　でも、この法律は300人以下の企業に対しては「努力義務」にとどまるなど、多くの問題点がある上、性別を問わない労働者の労働時間規制などにも手をつけておらず、法的実効性も未知数です。単なる政府のかけ声にすぎないのではないか、との批判もあります。ただ、現代の日本社会においては、女性労働者が長期的に安定して働き続けられる環境を社会として整備すべきであるとの指向自体は、政党のポリシーや思想などを超えて、もはや「前提条件」、「共通認識」となっているようにも思われます。

男女格差の実相

　その一方，日本は，2014年度の「世界経済フォーラム」が発表した男女平等の度合いを示すランキングで142か国中104位という不名誉な結果が出されています。この順位の根拠として，日本は国会議員，地方議員や民間企業の管理職などの割合がいずれも1割未満であることが指摘されています。さらに，働く女性が妊娠すると，4人に1人が解雇や契約打ち切り，降格などの不利益を受けると報告されていますし，出産後に退職する女性労働者は約6割に上り，この割合はここ30年ほどほとんど変化がないともいわれています。

　この原稿を書いている2015年は，日本が国連の「女性差別撤廃条約」を批准し，また職場の男女差別を禁止する「男女雇用機会均等法」が成立してから，ちょうど30年目です。過去から見れば，日本社会における女性の社会進出はかなり前進したと評価されるでしょうが，それでもまだ，真の男女平等社会の実現にはほど遠いといわなければならないでしょう。

　　君を打ち　子を打ち灼ける　ごとき掌よ
　　　ざんざんばらんと　髪とき眠る

　「君を打ち」，「子を打ち」とは，ずいぶん激しいと思ったでしょうか。これは，2012（平成24）年に逝去した歌人の河野裕子さんが，自らが子育てをしている最中に詠んだ短歌です。「君」とは夫（河野裕子さんの夫は歌人の永田和宏氏）のことでしょう。河野裕子さんは，自分の子に対する深い愛情が惜しみなく表現された短歌も多くつくっていますが，他方で，率直に母親のあふれ出るような負の感情，怒り，苛立ち，疲労，孤独といったものが沸き

第3章　労働者の視点から見る社会　　107

立つように表現されたこのような短歌もまた胸を強く打ちます。この歌が面白いのは，母親の重責を理解できない傍らの夫に対しても怒りを爆発させているところです。女性のみならず男性もドキッとする歌ではないでしょうか。でも実際のところ，多くの女性は「そうそう，この気持ちわかるわ～」と共感するのではないでしょうか。

女性の「2極化」

一般的に女性が，正社員として目一杯働きながら，結婚，出産して家族を持つことは，きわめて難しいことだといわれます。実際に，日本の女性労働力率は「M字カーブ」を描いており（12ページ参照），結婚や出産を機に退職する人は少なくありません。私が対面している大学生の中にも，今から，結婚したらすぐに会社を辞めたいという学生が何人かいます。もちろん，「働く・働かない」，「結婚する・しない」，「子どもを産む・産まない」は個人の選択に委ねられています。しかし，こうした選択は，何ごとにも縛られず，まったく個人の自由のもとに行われていると本当にいえるでしょうか。

私たちが営む社会では，とりわけ女性たちに対して，「仕事か家庭か」の二者択一の選択を迫られる局面が多く，「正社員として仕事を続けながら結婚も出産も」といった理想的な選択をすべての女性ができるというわけではないといった状況が，まだまだあるのではないでしょうか。たとえば，育児休業1つ取っても，女性労働者のうち，正規雇用の労働者が約8割取得しているのに対して，非正規雇用の労働者の場合はわずか4割しか取れていないというデータが出ています。さらに，シングルマザーに関して

いえば、貧困が常に暮らしに深刻な影を落としていて、しかもそのほとんどが「働いているにもかかわらず、いつまでたっても貧困から抜け出せない」状況に置かれている、との報告が出されています。

このような状況からわかることは、自らの意思で「真に」自由な選択ができている女性というのは、きわめて限られているということであるかと思います。女性労働者の置かれている状況は、今や、「男性並みに長時間労働を余儀なくされて、正規雇用として過重労働に従事する労働者」と、「家事・育児などの負担のために、やむなくパートや派遣などの非正規雇用で働く労働者」の"2極化"が著しくなっています。新たに成立した「女性活躍推進法」は、こうした女性労働者の根本的な問題にはメスを入れられておらず、問題は未だ積み上げられたままです。

(2) 戦後日本の女性労働者

敗戦直後の混乱期

第2次世界大戦の日本の無条件降伏によって日本社会は大きく変貌しました。GHQによる外からの「民主化」ではありましたが、これまで認められることのなかった、婚姻や労働などあらゆる市民活動において、女性のさまざまな権利保障が実現することになりました。労働基準法には、女性労働者に対する保護規定が設けられ、女性の生理的・身体的機能に特別の配慮が必要であるとの考えが具体化されました。

他方、社会福祉政策としては児童福祉法が施行され、保育所は国・自治体が保障すべき施設とされました。しかし当時の保育所は、戦前の救貧的性格を残すものであり、働く女性労働者のため

の施設という意味合いはほとんどありませんでした。労働基準法では、産前産後休業が設けられたり、男女同一賃金原則が定められたりしましたが、社会的には、女性労働者は、結婚前も結婚後も、あくまでも家計補助的な労働にすぎないと捉える傾向が強くありましたので、女性が結婚後も働き続けることはまれでした。そのため当時は、男女平等が具体的な課題として追求されることはありませんでした。

「家」と女性と労働

その後、高度経済成長を経て、核家族化も加速する中で、女性は徐々に労働市場へ進出し、女性の就労に対する社会の意識も少しずつ変化が見られるようになりました。ただ、ここで壁となって立ちはだかるのは「家」でした。すなわち、女性が結婚・出産後も継続就労を希望するという傾向は1960年代ころから見られ始めたものの、当時の企業や政府にとって、それは歓迎すべきものではありませんでした。あくまでも「女性は家」にとどまってほしいというのが本音だったのです。

国民年金の第3号被保険者制度や配偶者特別控除の新設は、専業主婦への優遇の表れでした。政府は、専業主婦に、企業戦士である夫の世話と、子育てと地域の付き合い、そして年老いた親の介護までも含めた「家事労働」を一任することと引き換えに、年金や税金の優遇を与えました。

このような中で、女性が結婚前と変わらない働き方を希望したとしても、そこには、保育所の問題や家事・育児など多くのハードルに直面することになります。そのため、多くの女性は、結婚・出産を機に退職し、子どもの世話が一段落したころに再び働

き始めたいと考えます。けれども，一度辞めた既婚女性を正規雇用で採用しようとする企業は少ないため，不安定で低賃金の非正規雇用での仕事を選ばざるをえなくなるということです。

先ほどもいいましたが，女性の場合，過去も現在も「男性並みに長時間労働を余儀なくされて，正規雇用として過重労働に従事する労働者」か，「家事・育児などの負担のために，やむなくパートや派遣などの非正規雇用で働く労働者」かの二択しか取りえないということが大きな問題だと思います。そしてそれを引き起こしているのが「男性の働き方」であるという認識が，残念ながらまだまだ不足しているように思われます。

そして少子高齢化……

1990（平成2）年，合計特殊出生率が1.57まで落ち込み，いわゆる「1.57ショック」が起こったことによって，少子化現象が社会的関心を集めました。日本の場合，少子化と同時に高齢化も進行しているため，自ずから家族のかたちに変容が生じることになります。そしてそのことは，労働政策や社会保障政策にも大きな影響を及ぼします。

90年代初めの日本の労働市場では，平成景気によって人手不足が顕在化していました。さらに，男女平等志向の高まりや女性の労働市場への進出の増加によって，政府は女性の就労を前提とした政策への転換の必要性を認識するようになります。そこで政府は，育児休業法，男女共同参画社会基本法の制定など，女性の地位向上を目指した法整備を進めましたが，他方では，非正規労働者は増加の一途をたどっていきました。

また，保育所は，多様な保育ニーズへの対応ができていないた

め，待機児童問題が深刻化し，継続就労を断念せざるをえないことも多々あります。労働法規の規制緩和によって，深夜労働や不規則就労に従事する女性が増加しているにもかかわらず，保育サービスはその多様化に対応できるところまで進んでいません。また，保育所で働く保育士も女性が圧倒的に多いですが，保育士の賃金の安さと過酷な労働実態も，そのまま放置されているのが現状です。

(3) ワーク・ライフ・バランス──子どものいる働く女性の専売特許？

　ワーク・ライフ・バランスという考え方は，1980年代のアメリカで提唱され始めたとされています。当初，この考え方は，「結婚して子どものいる女性労働者」だけが対象とされていて，キーポイントは，優秀な女性労働者が，いかに子育てをしながらこれまでの仕事を継続できるかということであり，そのために企業が打ち出したさまざまな支援策が，ワーク・ライフ・バランス政策の始まりでした。

　当初，こうした支援策は「ワーク・ファミリー・バランス」，「ワーク・ファミリー・プログラム」などと呼ばれていました。つまり，明らかに「仕事と子育ての両立」だけを意識したものだったのです。しかし1990年代に入ると，結婚していなかったり，子どもがいない女性労働者やまた男性労働者にとっても，仕事と私生活の調和は重要な課題だと考えられるようになりました。つまり，ワーク・ライフ・バランスはあらゆる労働者にとっての普遍的なテーマだと認識するようになったのです。

　やがて日本でもワーク・ライフ・バランスが広まりました。21世紀に入ると，企業や行政もワーク・ライフ・バランス制度導入

に向けて取り組みを開始しました。法律においてもワーク・ライフ・バランスの考えを取り入れた条文ができました。労働契約法第3条第3項です。ここには、下記のように規定されています。こうした文言が労働法の中に入ることは、一昔前の日本では考えられなかったでしょう。

> 労働契約法第3条第3項：労働契約は、労働者及び使用者が仕事と生活の調和にも配慮しつつ締結し、又は変更すべきものとする。

しかし、ワーク・ライフ・バランスが結婚して子どもがいる女性労働者だけを対象にしているとのイメージは、日本ではまだまだ根強く残っています。でも、当たり前ですが、家族は女性だけでつくれるものではありません。出産をするのは女性でも、子どもは夫婦2人が育てていくものです。だから、育児休業は、父親になった男性労働者にとって必要であるのは当然です。それでも現状は、男性の育児休業の取得率はわずか2.03％（平成25年）にすぎません。

このことは、今後解決すべき大きな課題になるでしょう。「労働者としての家族」も、「家族としての労働者」も、男女ともにシェアしながら守っていくべきものなのですから。

"パタハラ"裁判

それではここで、1つの判例を紹介しましょう。まだ少数派である「育児休業を取得した男性労働者」が原告となった裁判です。女性労働者に対して、妊娠や育児を理由に嫌がらせをすることを

「マタニティ・ハラスメント」(＝マタハラ)というのは有名ですが，これは何も女性だけのものではありません。育児休業を取得した男性労働者への理解の欠如から，解雇や降格，賃下げといった不利益取扱いをしたり，嫌がらせをしたりすることを，「パタニティ・ハラスメント」(＝パタハラ)と呼ぶようになりました。パタハラはマタハラに比べて数も少ないですし，表面化することがまだほとんどないでしょうが，本件は「パタハラ」を司法の場で正面から判断を求めた珍しい事例であり，意義のあるものだと思います。

◆医療法人稲門会(いわくら病院)事件
　●事案の概略

京都市内の病院に勤務していた男性看護師Xさんは，2010年度に3か月間育児休業を取得したことを理由に，2011年度の職能給の昇給が認められず，かつ昇格試験を受ける機会を与えられませんでした。そこでXさんは，これらの措置が育児介護休業法第10条(「事業主は，労働者が育児休業申出をし，又は育児休業をしたことを理由として，当該労働者に対して解雇その他不利益な取扱いをしてはならない」)に違反するとして，京都労働局に援助の申し立てを行い，労働局は病院に対し是正勧告を行いました。しかし，病院がこれに従わなかったため，Xさんは昇給・昇格された場合との差額分の損害賠償と慰謝料を求めて京都地裁に提訴しました。
　●第1審判決：京都地方裁判所平成25年9月24日判決(『労判』
　　第1104号80頁)

昇給については，1年のうち4分の1にすぎない3か月間の育休取得によって，能力の向上がないと判断し，一律に昇給を否定す

る点の合理性には疑問が残るとしながらも、年齢給の昇給は行われたこと、職能給の昇給が行われなかったことによる不利益が1か月2800円、年間4万2000円にとどまること、などの理由を挙げて、昇給を認めなかったことは育児介護休業法第10条の違反にはならないと判断しました。

その一方で、昇格試験を受けさせなかったのは違法だと認定して、昇格試験を受験させなかったことに関する慰謝料15万円の支払いを命じました。

●第2審判決：大阪高等裁判所平成26年7月18日判決（『労判』第1104号71頁）

Xさんは京都地裁の判決を不服として、大阪高裁に控訴しました。高裁は、昇給について、病院が、遅刻・早退・年次有給休暇・生理休暇・慶弔休暇等により3か月以上の欠勤が生じても職能給の昇給を認める扱いにしているということに着目した上で、育児休業で3か月欠勤した場合に、同じ3か月なのに育児休業の場合のみ昇給を認めないのは合理性がないので、昇給を認めなかったことを違法と判断し、昇給していた場合の賃金との差額分の損害賠償請求を認めました。

なお、昇格については第1審判決を維持し、慰謝料請求を認めました。

＊病院側は、第2審判決を不服として最高裁に上告していましたが、最高裁第2小法廷は、病院側の上告を棄却したので、第2審判決が確定しました。

●本件の意義は

本件で不昇給となったのは、能力評価に基づいて昇給される職能給部分でした。病院側は、育児休業中は実務経験を積むことができないので、能力向上がないと評価して不昇給としたのであっ

て，育休取得を理由に不昇給したのではないから，育児休業法第10条に反しないと弁明していました。しかし，もし，このような論法が成り立つとすれば，法的に保障された休業を取得した場合であっても，能力向上の機会がなかったと判断されてしまうことになります。そうであれば，多くの労働者は育児休業を取得することに躊躇し，著しい萎縮効果が生まれます。だからこそ，第2審判決は，能力主義を偽装した不利益取扱いを見逃さなかったという意味において，大きな意義を有するものです。

パタハラは身近なところに

日本労働組合総連合会（連合）は，2014年に「職場でのパタハラに関する調査」を実施しました。以下，気になる結果についてみてみましょう。

まず，子どもがいる男性525名に，職場でパタハラをされた経験があるか，聞いたところ，11.6％の人がパタハラ経験を受けたことがあると回答したそうです。次に全回答者（1000名）に，周囲でパタハラにあった人がいるか，いる場合はどのようなパタハラだったかを聞いたところ，10.8％の人が周囲でパタハラにあった人がいる答え，パタハラの種類としては「子育てのための制度利用を認めてもらえなかった」5.5％が一番多いことがわかりました。

- 周囲でパタハラにあった人がいる：10.8％
- 子育てのための制度利用を認めてもらえなかった：5.5％
- 子育てのために制度利用を申請したら　上司に「育児は母親の役割」「育休をとればキャリアに傷がつく」などといわれた：3.8％

●子育てのための制度利用をしたら，嫌がらせをされた：1.9%

この調査から見ても，「パタハラ」は男性労働者にとって，きわめて身近なハラスメント問題であることがわかります。

医療法人稲門会（いわくら病院）事件は，実際に男性に支払われた金額は少なかったものの，男性へのパタニティ・ハラスメントが認められた初の判決という点において，意義の大きな判例となることでしょう。

(4) 長時間労働という「病」

労働時間をめぐる法案

安倍晋三総理大臣率いる現政権（2016年時点）は，労働基準法の改正案を2015（平成27）年4月3日に閣議決定し，国会に提出しました。いったい何の改正なのか知っていますか。

答えは，「労働時間制度」についてです。労働時間は，ワーク・ライフ・バランスに直結する労働条件であり，きわめて重要です。今回の改正案は，働く人たちにとって「春風」のように優しく暖かいものなのでしょうか。それとも，「真冬の吹雪」のような冷酷で辛いものなのでしょうか。今回の改正案をめぐって，意見はくっきりわかれています。

前者（＝春風）の見解を取る論者は，今回の制度を，時間ではなく，成果で報酬を決める「高度プロフェッショナル制度」と呼び，積極的に導入すべきといいます。他方，後者（＝吹雪）の見解を取る論者は，際限のない長時間労働を容認し，それだけでなくタダ働きを助長し過労をいっそう促進する「残業代ゼロ法案」と呼び，批判を強めています。

同じ法案に対して，立場の違いから，まったく異なる名称が用

いられたことはこれまでにもありましたね。そう、同じ2015年に大きな反対運動が巻き起こった集団的自衛権をめぐる議論の際にも、賛成側は「平和安全法案」、反対側は「戦争法案」と呼び、真っ二つに割れました。実は、労働法の世界でも同じようなことが起こったのです。

　それにしても、法案であっても、なぜここまで真逆の名称で呼ばれるような事態になっているのでしょうか。それを知るために、まずは法案の中身を詳しく見ていきましょう。

　今回の改正案で基本となるのは「ホワイトカラー・エグゼンプション」(WE)と呼ばれる制度です。今の若い人（あんまりこの言葉、使いたくないのですが……）はそもそも「ホワイトカラー」の意味がわからないかもしれませんね。「ホワイトカラー」とは、シャツのカラー（襟）が白の労働者のことで、主にデスクワーク、オフィスワーク、つまり事務職に就く労働者のことを指しています。それに対して「ブルーカラー」は、シャツのカラーが青の労働者のことで、主に肉体労働、現場労働に就く労働者のことを指しています。

　「ホワイトカラー・エグゼンプション」(WE)は、アメリカで導入されている制度で、「ホワイトカラー」、つまり事務職のうち「一定の条件」を満たす労働者は、一切の労働時間規制を除外しようとする制度です。労働時間規制を除外するということは、後で述べる労働基準法で定められた時間外労働や休日、深夜業の割増賃金の支払いなども、すべて除外されるということになります。なお、今回の法案では、その対象は、「年収1075万円以上で、金融商品の開発、経営コンサルタント、研究開発などの高度な職業能力をもつ者」等となっています。

労働法の基本的な考え方は，労働した時間の長さに応じて賃金を支払うというものです。だから，労働の「成果」とは，働いた時間の長さに比例するものだという考えを前提としています。わかりやすい例でいうならば，2時間で1台の車を完成させる場合，4時間では2台，6時間では3台……，というわけです。

　しかし，製造部門でない事務部門（ホワイトカラー）の労働は，このようにきっちり時間で労働の成果をはかることができるでしょうか。職種にもよりますが，必ずしもそうではないと思いませんか？　たとえば，何かの商品の企画開発をするような場合，8時間机の前に座っていたら必ず1つの企画が生まれるかといえば，そういうものではないでしょう。あるときは1時間で1つの企画が生まれることもあれば，3日間でやっと1つの企画が生まれることもあるでしょう。つまり，労働の成果と，労働した時間は，比例するとは限らない。そこを突いてきたのが，今回の法案なのです。

基本は1日8時間……だけど

　労働基準法では労働時間をどのように定めているのか，ここで確認しておきましょう。労働基準法第32条では，「1日8時間，週40時間」という基本となる労働時間が定められています。これが「法定労働時間」と呼ばれるものです。それぞれの事業主は，法定労働時間を守った上で，「所定労働時間」を定めることになります。

　そして，法定労働時間を超過して残業や休日労働があった場合には，通常の賃金だけでは足りず，所定の割増率（この数字も労働基準法で定められています）を乗じた割増賃金を払わなければいけ

表3-3　残業時間と割増率

9:00〜17:00	法定労働時間 （8時間） （9:00〜18:00） うち，1時間は休憩時間	所定労働時間 （9:00〜17:00）	左の3つの時間を総称して一般的に「残業」と呼んでいる
		法内残業 （17:00〜18:00） 割増率：0％	
18:00〜22:00	時間外労働 （8時間を超える部分） （18:00〜）	通常の残業時間 （18:00〜） 割増率：25％	
		深夜残業 （22:00〜） 割増率：35％	

（注）所定労働時間を9:00〜17:00とした場合。

ません。これを表で表すと，**表3-3**のようになります。これが一般的に「残業代」といわれるものです。

賛成派と反対派，それぞれのいい分

今回の法改正案は，労働基準法で定められた法定労働時間を超えた部分について，時間管理をしなくてもよく，割増賃金を支払わなくてもよい労働者の範囲を広げるものになります。ワーク・ライフ・バランスの観点から考えたとき，今回の改正案をどのように評価すべきでしょうか。

全面的に評価する人は，次のような意見を述べています。

「指揮命令に忠実に従うのではなく，知的な創造力を生かして企業に貢献する人がいます。そういう人にとっては，労働時間規制はそもそも不要です」。

「成果を上げて基本給や賞与，さらには昇進という形の報酬が

良いと考えている労働者にとっては，時間の制約は余計な規制です」。

「成果さえ上げれば早く帰ることができる。これは育児をしている労働者にとってもいい制度だ」。

一方，今回の法改正案に全面的に反対する声も強いものがあります。たとえば，次のような意見を述べています。

「残業の一番の原因は，所定労働時間内では終わらない過大な業務命令やノルマです。長時間労働がなくなるかどうかは，業務量の多寡です。労働者が業務量を自分でコントロールできるかどうかで決まるのです」。

「新制度は，日本で働く労働者の命と健康を脅かす危険なものであり，過労死を助長させる"過労死推進法"です」。

さて，皆さんは，どちらの考えに共感しますか。

「8時間労働」が生まれた理由

ここで基本に立ち返って考えてみましょう。まず，1日8時間労働という原則は，「人間が人間らしく，心身ともに健康に，持続可能な生活を送ることができる」ために，1日24時間のうち，労働に従事するのは3分の1に該当する8時間が限度であるという考えに基づくものです。

今，あなたは「8時間労働」が当たり前のものだと考えているかもしれません。でもこれは，労働者が何もしないで口を開けて待っていたところに天から降ってきた恩恵ではありません。使用者から強い支配と圧迫を受けながら，奴隷のように働かされてきた労働者たちが，勇気を振り絞って「人間らしく働かせろ！」と命をかけて闘い続けた結果，勝ち取ったものなのです。1886年5

第3章　労働者の視点から見る社会　　121

月1日，合衆国カナダ職能労働組合連盟がシカゴを中心に大規模なストライキをして，「仕事に8時間を，休息に8時間を，俺たちがやりたいことに8時間を！」というスローガンを掲げて闘いました。これを契機として，5月1日を「メーデー」＝労働者の日としたのです。「ゴールデンウィークの真ん中あたりの日」くらいにしか考えていなかった人も，現代の労働者の労働条件に大きな影響を及ぼした大切な日として，5月1日を覚えておいてほしいと思います。

労働者の「命」をかけた闘いの歴史の足跡の上に，私たちは現在立っています。ちなみに，冒頭で紹介した石川啄木が短歌を詠んだ翌年 (1911年) に，日本で初の労働法「工場法」が制定されましたが，工場法には労働時間の上限の設定すらありませんでした (子どもと女性にのみ，1日12時間という制限がありました)。

このような労働者の闘いによってもたらされた労働時間は，賃金とセットで，「最もコア (核心部分) の労働条件」として位置づけられているのです。なぜか。それは労働時間が，労働者の心身の健康にそのまま直結するからです。日本は，長時間労働とそれに伴う鬱病などの心身の不調，過労死，過労自殺が，社会の大きな病理となっており，「働きすぎで死ぬ国」という不名誉なイメージが定着しています。

そんな中，今回のような労働時間規制を全面的に除外するといった法案を出すことは，何か，こう決定的に情勢を見誤っているのではないでしょうか。「家族としての労働者」の側面を大切にするのであるならば，労働時間規制を「緩和する」どころか逆に「強化する」ことを本気で考えることこそが，今一番必要なのことだと思うのですが，皆さんはどう考えますか。

3 「お客様」と「労働者」とのカンケイ

(1) 「お・も・て・な・し」が労働者を抑圧する？

　2013(平成25)年，オリンピック招致のためのプレゼンテーションで，フリーアナウンサーの滝川クリステルさんが「お・も・て・な・し」といったことで，日本では急激に「おもてなし」が流行りだしました。「おもてなしの心は日本にしか見られないもの」とここぞとばかりに強調しているのを聞くと，他の国に行ってもそれぞれのホスピタリティのかたちがあるのに，まるで日本だけが客をきちんとおもてなししているかのような印象が植えつけられ，個人的には違和感があります。この「おもてなし」ブーム，2020年東京オリンピックまで続くのかと思うと，ややうんざりしてしまいますが……，ここで，「おもてなし」と「お客様」，そして「労働者」とのカンケイについて，考えてみたいと思います。

　「おもてなし」とは，「客をもてなすこと」です。それもただもてなすだけでなく，その客が何を求めているのかを慮り，相手が口に出す前に，さりげなくそれを完璧に揃えておくことが求められます。ここでポイントは"さりげなく"です。相手にそれと気づかれないように，恩着せがましくない態度でささっとやっておくことが重要です。さらに客が，どんなに理不尽な注文やクレームをつけてきたとしても，そのとき「できません」という言葉はタブーです。「クレームは愛」。とある外食産業のオフィスには，こんな標語が壁に貼ってあるそうです。クレームをいってくださるお客様は会社を愛しているからこそそのようなことをいうのだ。

だから，お客様のクレームは有難いものとして受け取らなくてはならないのだ。と，いうことなのでしょう。

こういう日本型の「おもてなし」には好き嫌いがあるでしょう。自分が「客」になったときに，このようなおもてなしを受けて感激するという人もいれば，何だか逆に居心地が悪くなる気がするからいやだなーと思う人もいるでしょう。

このことについて，「労働者」の立場から考えてみましょう。労働者は，労働契約で約束をした所定労働時間は職務専念義務があるので，仕事をします。そして，働いた時間分，対価としての賃金の支払いを受けます。ところが，もし目の前の客のためならどんなことでも甘受しなさいといわれたとしたら，自分の労働時間を超過していても，その分の賃金が支払われずに結果的にタダ働きになってしまったとしても，お客様のために尽くすことが何よりも美徳だとされてしまいます。さらには，労働者の権利である労働3権の行使（たとえばストライキなど）をする場合でも，「お客様のことを考えたらストライキなんでできないはずだ」「お客様よりも自分の労働条件の方が大切なのか」という社会の圧力がかかることが多々あります。つまるところ，「おもてなし」という美徳が労働者の権利を抑圧することになるのです。

たとえば，「お客様にとって便利だから」という理由で，現在の日本には，コンビニ，ファミレス，本屋，レンタルDVD店，スーパーマーケット…あらゆる店が365日24時間休みなしの営業をしています。しかし，営業時間が長くなり，休日がなくなるということは，つまりは，そこで働く労働者がそれだけ必要になるということです。誰かが便利な暮らしを送るために，だれかが休む時間，寝る時間を削って仕事しているという事実を忘れてはい

ないでしょうか。

　ちょうど先日も、24時間営業のガソリンスタンドで働いていた20代前半の若い男性労働者が、栄養ドリンクの飲みすぎ（カフェインの過剰摂取）で死亡するという信じられないような事件が起きました。死ぬまで過労するという異常事態を招いているのは、第一義的には雇っている使用者の責任ですが、間接的には、便利さを追い求め、完璧な「おもてなし」を要求しようとする私たち社会全体にも問題があるのだと思います。

(2)　休みは権利だ！

　労働法と一言でいっても、その中には、さまざまな個別のテーマがあります。たとえば、賃金、労働時間、配転、人事評価、解雇、営業譲渡、労働災害などなど。その中でも、あまり重きを置かれていないものに「休憩」があります。労働法の体系書を見ても、「休憩」に割くページ数は、他のテーマに比べるとかなり少ないです。そもそも「労働」法とは、まさに「働くこと」がメインの法律なのだから、その対極にある「休むこと」については、あまり重視されていないのかもしれません。

　かつて、私の知り合いのとある研究者は、労働法学者の中では珍しく「休憩」を自らの研究テーマにして、せっせと論文を書いていました。ある日、その人になぜ休憩を自らの研究テーマに決めたのか、と尋ねたことがあるのですが、その人は、「だって、働くよりも休む方が圧倒的に好きなんだもん。好きなことを研究テーマにしただけだよ。」とあっさり答えました。私はそれを聞いて、妙に納得したのでした。

　たしかに、働くよりも、休む方がいい……それは、多くの人に

とって偽らざる本音に違いないでしょう。でも，休むことというのは，本人の希望という側面だけで捉えてはいけません。労働者が労災を引き起こすことなく，心身ともに健康に，無理なく「持続可能なかたち」で働き続けるためには，「きちんと休むこと」が絶対に必要なのです。

そこで邪魔をするのが，さきほど話題に出した「おもてなし」文化です。おもてなしの意識が強すぎると，休んでいる人に対して「お客様のことを考えれば，休みは二の次になるはずだ！」と攻撃を受けることにもつながります。このような「おもてなし文化の強要」は，労働者の「休む権利」を阻む大きな障壁となります。

(3) 労働法と「休み」——休憩時間と休日
休憩時間の意義

そこで，今から「休むこと」＝労働法における休憩のあり方について考えてみたいと思います。

労働法上の「休憩」の定義は次の２つです。

①労働時間の途中に置かれていること
②労働者が権利として労働から離れることを保障されていること

上記②の「権利として労働から離れることを保障されている」か否かは，労働者がその時間を「自由に」利用できるかどうかという観点から判断するとされています。

休憩時間に関する法規定は，労働基準法第34条にあります。

労働基準法第34条：１　使用者は，労働時間が6時間を超える場合

> においては少くとも45分，8時間を超える場合においては少くとも1時間の休憩時間を労働時間の途中に与えなければならない。【休憩時間付与義務】
> 2　前項の休憩時間は，一斉に与えなければならない。ただし，当該事業場に，労働者の過半数で組織する労働組合がある場合においてはその労働組合，労働者の過半数で組織する労働組合がない場合においては労働者の過半数を代表する者との書面による協定があるときは，この限りでない。【休憩時間の一斉付与原則】
> 3　使用者は，第1項の休憩時間を自由に利用させなければならない。【休憩時間の自由利用原則】

　労働者にとって，休憩の意義とは何でしょうか。まず第1には，労働が長時間継続すると，労働者の心身に疲労をもたらす上，労災が起きやすくなったり，能率や集中力が低下したりするおそれもあるので，疲労を回復してリフレッシュするということがあるでしょう。でも，それだけでありません。休憩とは，労働者が労働から解放されて，誰にも束縛されない自分自身の「自由の回復」を得るという，より積極的な意義も大きいと思います。

　それを具現化したのが，労働基準法34条3項の「休憩時間の自由利用原則」です。休憩時間が，労働から解放される時間である以上，それは当然なことだといえるし，さらに，休憩の実を上げるためには，休憩時間の自由な利用を認めることが必要になります。

　こうした自由利用を保障された休憩が与えられなかったことに

よる精神的苦痛について，慰謝料の請求が認められた住友化学工事事件（最高裁判所昭和54年11月13日判決）は，休憩時間中も，ずっと炉の点検監視の作業を必要とされていた化学工場で働く労働者が，これを理由とする損害賠償等を請求したケースですが，判決文は，「休憩時間の自由利用原則を担保するためには，休憩時間の始期・終期が定まっていなければならず，特に終期が定かになっていなければ，労働者は到底安心して自由な休息をとりえないことは明らかというべきである」と述べています。

「手待時間」だって働いてる

休憩についてもう1つ問題となるのが，「休憩時間」か「手待時間」かという問題です。労働時間は，社員が実際に労働に従事している時間以外に，労働はしていないものの，実質的に使用者の拘束下に置かれている時間も含むとされますが，それが「手待時間」といわれる時間です。たとえば，夜間のビルの警備員が事務室で仮眠を取る時間，商店などでお客さんが来るまで待機している時間などが「手待時間」として認められています。手待時間だって立派な労働時間なので，当然ながら賃金が発生します。

しかし，なかには悪質な使用者がいて，実際に労働者は労働から完全に解放されず，完全な自由を得られず，何かあったときにすぐに対応できるような態勢を取らされて，長時間拘束されているにもかかわらず，「これは休憩時間だ」などといって，その間の賃金をまったく払わないといったケースがありますので注意が必要です。

この点についての有名な判例に，すし処「杉」事件（大阪地裁昭和56年3月24日判決）があります。これは，すし店において，板

前見習いおよび洗い場担当の店員に対して，客がいなかったり自分の担当業務が終わったりしたら休憩しても構わないが，客が来たら，ただちに自分の担当業務に従事するよう指示しているような場合に，使用者が「休憩時間」として賃金を支払っていなかった事例ですが，判決は，実際に仕事をしていない時間も使用者から就労の要求があればただちに就労しうる態勢で待機している時間は「手待時間」，つまり「労働時間」であり，労働者が権利として労働から離れることを保障されている「休憩時間」として扱うことはできず，実際に担当業務に従事している時間だけでなく手待時間を含めた時間全体が，労基法に基づく残業代（割増賃金）計算の基礎となると判断しました。

　このように，休憩という名のもとに，長時間拘束して，しかも賃金を払わずタダ働きをさせるという，何とも使用者の都合の良いことがなされている場合もあります。労働者は，声を大にして，「休憩時間くらい，ちゃんと休ませてくれ！」と大きな声で言いましょう。きちんと休んでこそ，きちんとした仕事ができるのですから。

(4) マックの店長にも家族がある──「名ばかり管理監督者」訴訟から

　マック（関西なら「マクド」ですね）は，誰でも1度や2度どころじゃなく利用しているのではないでしょうか。2008（平成）年には，日本マクドナルドで店長をしていた40代の男性が，残業代を請求して提訴した訴訟の判決が出されました（東京地裁平成20年1月28日判決）。彼は，店長であるから，労働基準法41条2号の「監督若しくは管理の地位にある者」に該当するとされ，労働時間，休憩，休日の労働法上の規制から一切を除外されていました。

それに対して、彼は、マクドナルドの店長は実際には自分の裁量で勤務日や勤務時間を決めることなどほぼ不可能だし、経営に参画するような決定権も持ってないので、第41条の管理監督者には該当しないはずであり、きちんと働いた分の残業代は支払われるべきだと主張したのです。

> 労働基準法第41条：この章、第6章及び第6章の2で定める労働時間、休憩及び休日に関する規定は、次の各号の一に該当する労働者については適用しない。
> 1. 別表第1第6号（林業を除く。）又は第7号に掲げる事業に従事する者
> 2. 事業の種類にかかわらず監督若しくは管理の地位にある者又は機密の事務を取り扱う者
> 3. 監視又は断続的労働に従事する者で、使用者が行政官庁の許可を受けたもの

東京地裁の判決内容

判決は、原告の店長の主張を全面的に認めました。まず、労働基準法第41条にいう管理監督者といえるためには、店長が、店長の名称だけでなく、実質的に法の趣旨を充足するような立場にあると認められるものでなければならず、具体的には、

1：職務内容、権限および責任に照らし、労務管理を含め企業全体の事業経営に関する重要事項にどのように関与しているか

2：その勤務態様が労働時間などに対する規制に馴染まないものであるか否か

3：給与及び一時金において、管理監督者に相応しい待遇がさ

れているか否か
などの点から判断すべきであるところ，同店長は，店舗の責任者として，アルバイト従業員の採用やその育成，従業員の勤務シフトの決定など，店舗運営において重要な職責を負ってはいるものの，店長の職務，権限は店舗内の事項に限られ，企業経営上の必要から経営者と一体的な立場において労働基準法の労働時間などの枠を超えて事業活動することを要請されてもやむをえないものといえる重要な職務と権限を付与されているとは認められない，と判断しました。

　さらに，自らのスケジュールを決定する権限を有し，早退や遅刻に関して上司の許可を得る必要はないなど，形式的には労働時間に裁量があるといえるが，実際には会社の要求する勤務態勢上の必要性から法定労働時間を超える長時間の時間外労働を余儀なくされており，労働時間に関する自由裁量があったとは認められないといいました。

　最後に，原告である店長の勤務実態などを考慮すると，店長の賃金は管理監督者に対する待遇として十分であるとはいい難い，とも述べました。

　結論として，東京地方裁判所は，「原告の店長は管理監督者に当たらない。したがって会社は，未払いの時間外割増賃金・休日割増賃金等を支払う義務がある」との判決をくだし，全面的に原告の主張を認めた上で，合計755万円の支払いを命じました。マクドナルド側は，は東京地裁の判決を不服として控訴したものの，ついには原告勝訴の1審判決を事実上受け入れて，原告が管理職に該当しないことを認め，和解が成立しました。

自分の子どもに会えない店長

　原告は自らの主張が認められたことを非常に喜んだことでしょう。ただし、この訴訟は、残業代を払ってほしかったために起こしたというよりは、むしろ、店長の「家族として生きる権利」を求めたものであったといえるかもしれません。

　下記は、原告が裁判所に提出した陳述書の一部です。彼の苦しみと過酷な労働実態が切々と綴られています。マクドナルドだけでなく、24時間営業の店舗はどんどん広がっていますが、客の便利を考えるだけの社会では、いつか必ず綻びができてそれが広がり、そしていつかは壊れてしまいます。「私たちの社会は、誰かの過労でできている」となってはならないと思います。

> **参考　原告の陳述書（抄）**
>
> 　私は、日本マクドナルドに1987年に入社し、1999年に店長に昇格しました。マクドナルドでは、2003年から給与査定が変わり、成果主義が採用されました。このため、人件費を厳しくコントロールすることが求められ、店長がなるべく自らシフトに入らざるを得なくなっていきました。私は、2003年2月から高坂店に異動し、時間外労働が月100時間にも及ぶようになり、過労による居眠り運転の危険を感じながら仕事をしていました。
>
> 　家族との会話もなくなり帰宅するのが苦痛に思えることもありました。このままなら離婚されてもしょうがないかなと真剣に考えていました。結果はほぼ予想通り、業績目標は達成できず、次男の卒業式では寝てしまう始末で、家族との絆は綻びはじめました。
>
> 　2004年下期は私にとって地獄でした。まず7月にいままでいた部下が、コスト削減のため、他店に異動させられました。12月にはもっとも頼りにしていたフリーターの契約社員が正社員になり代わりに新入社員が配属されて大幅に戦力ダウンになりました。2005

年1月に仕事中ぎっくり腰になり、労災認定されますが、翌日には替わりのスタッフがいないため、完治していないのに勤務せざるを得ませんでした。

　子供から「僕たちが死んでもお葬式にも参列できないね」と言われても、何も言い返すことができませんでした。長男の受験の時期でしたが、何も協力してあげることが出来ませんでした。今思えば唯一合格発表に立ち会えたことが心の救いです。

　4月には、店舗の中心として勤務していた主婦の時間帯責任者が退職してしまい、またしても、休みを取ることができなくなりました。4月の春休みには家族と泊まりで旅行に行く予定になっていましたがこれも行けなくなってしまいました。妻の悲しい顔を思い浮かべると、直接告げることができず、手紙で謝りました。

　このころ、手のしびれを初めて経験したため、勤務を早退し病院にいきました。「症候性脳梗塞」との診察を受けました。5月に労働基準監督署の調査が入り、やっと環境面は若干改善されましたが、上司からは「お前の家族が労基署に垂れ込んだんだろう」とあらぬ疑いを掛けられました。労基署が調査に入ったため、定例会議でこの件が議題になりましたが、上司からは、「店長は管理監督者であり、自己責任だ」とばっさり切り捨てられました。

　私たちのような働き方をしている労働者が、労働基準法の保護を受けられない管理監督者といえるのでしょうか。この裁判では、多くの同じような境遇にある人たちとともに、人間らしく、家族と一緒に過ごせるような働き方を実現するために、頑張っていきたいと思っています。

(5)　**ドイツが教えてくれること——閉店法がある理由**

　日本では、コンビニエンスストアやスーパーマーケットが24時間365日営業しているのは、都会であれ、郊外であれ、もはや、当たり前の光景になったといえるでしょう。日本に住んでいる人は、ドイツに行ったらきっと驚くでしょう。ドイツには「閉店

法」(Ladenschlussgesetz)と呼ばれる法律により，小売店の営業時間が制限されています。歴史は古く，1900年にドイツ帝国で「閉店法」が施行されたのが始まりですが，戦後旧西ドイツで「閉店法」が施行され，これがその後の「閉店法」の基礎となっています。

　同法では，例外はあるものの，原則として，平日は7時から18時30分まで，土曜日は7時から14時までの営業時間を定め，日曜日は例外を除いては営業が許可されていません。日本だったら，確実に「営業・職業の自由」を侵害していると企業側から訴えがあるでしょう。ドイツでもそういった訴訟はいくつかあったのですが，ドイツ連邦憲法裁判所は，「日祝日の営業禁止は労働の安息と精神的高揚として，基本法上保護される」と合憲判断を下しています（閉店法はその後何回か改正がなされ，徐々にではありますが，段階的に緩和されているところです）。

　それにしても，ドイツではなぜ小売店の営業時間が法律によって定められているのでしょうか。その理由としては，まず最初に，宗教的なものがあります。日曜日はキリスト教の安息日であり人間が労働することはむしろ「罪」と捉えられるわけですから，閉店法で厳格に規制をすることは，宗教的意義を有するものでした。

　そして，最近では，労働者保護の観点も強くなっています。小売店の営業時間が長くなると，結果として労働者に長時間労働を強いる可能性がありますから，これを防止することが必要になります。最近では，むしろこちらの観点の方が重視されているかもしれません。

　それから，小規模な小売店の保護という観点もあるそうです。営業時間が無制限であれば，結果的に，資本力のある大企業が営

図3−4　「閉店」と書かれたドイツの小売店の看板
（下に営業時間が記されている）

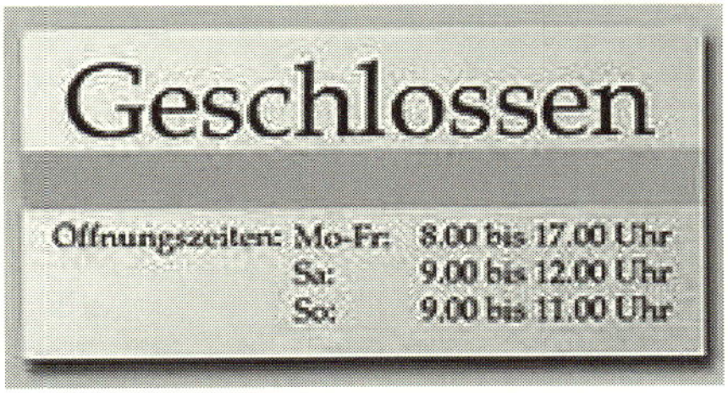

業時間を延長し，それによって中小零細規模の小売店が経営を存続できなくなるという危険があるために，閉店法で中小零細規模の企業を守っているということもいえそうです。

　閉店法の背景にある事情を見ると，宗教的な観点を除いたあとの2点は，日本にも当てはまるものだと思いませんか。まず，長時間労働の恒常化傾向は日本の労働社会の病理であるといえますし，そのことがワーク・ライフ・バランスを阻む要因にもなっています。本当に24時間営業が必要なのでしょうか。とりわけ外食産業や小売業の労働者は，「客」のために自らの私生活を犠牲にしていることが多いですが，本当にそれは仕方のないこととして放置していていいのでしょうか。

　最後に，もう一度考えてみましょう。私たちは，さまざまな「立場」の顔を持っています。たとえば，休日に買物をするときの「客（消費者）」としての顔。そして，仕事をしているときの「労働者」としての顔。そして，私生活での「家族」「個人」としての顔。これら立場の異なる顔がバランスよく保てるような余裕を確保すること。それこそがワーク・ライフ・バランスだと思い

第3章　労働者の視点から見る社会　　135

ます。そしてそれは，一部の人だけが享受できればいいのではなく，すべての人が享受できるように，持続可能な制度をつくらなくてはいけません。労働法は，そういった社会の実現に向かうためにこそ，存在意義があると思うのですが，いかがでしょうか。

● 文献案内

鈴木マサカズ・とんたにたかし原作『ダンダリン一〇一』(講談社，2010年)

　普段マンガはあまり読まないのですが，そんな私が大感激してハマりました。ちなみに，竹内結子主演でTVドラマ化もされました（ドラマもオススメ）。ダンダリン＝段田凛 という名前の，猪突猛進型の熱血労働基準監督官を主人公として，日本のさまざまな労働問題に正面から切り込んでいきます。段田凛が現実に直面して無力感を感じる場面などは本当に切なくなるし，きれいごとだけではない世界を描いているところがいいです。そして労働法の知識もちゃんと身につきます。

菅野和夫『労働法〔第11版〕』(弘文堂，2016年)

　労働法を勉強する人ならば，本棚に，何はなくともとりあえずこれは揃えておかなくちゃ，という一冊。司法試験受験生で労働法を選択したら，まず最初にこれを買うでしょう。度重なる法改正をきちんとフォローして改訂版を出し続けているのも，信頼を得ている理由だと思われます。なお，本書校正中の2016年2月29日に待望の改訂版（第11版）が刊行されました。

西谷敏『規制が支える自己決定――労働法的規制システムの再構築』(法律文化社，2004年)

　労働組合を主体として集団的労働関係を構築していくために，労働法理論は，ともすれば「個人」より「集団」の利益を先導してきた面

があります。1人では脆弱な労働者が，集団的労働関係の保障により，より良い労働条件を獲得できたことはもちろんですが，他方で，個人の権利をないがしろにしてきた面があることも否めません。本書はそういった困難な問題に正面から取り組んでいます。ちょっと手強いかもしれませんが，ぜひ読んでほしいです。

中山和久『ストライキ権』（岩波書店，1977年）
　私事ですが，私が労働法を研究しようと考えるきっかけとなった大学時代の恩師の書です。絶版になってしまっているので，図書館に所蔵されたものか，中古版で読むことになります。憲法に保障された労働者のストライキの権利は，どのようにして生まれ，いかにして勝ち取ってきたのか，そして，国家はどのようにそれを抑圧しようとしてきたのか，歴史と法理論と判例に基づきながら，丁寧な語り口で綴られています。本書の冒頭で紹介されている，戦時中15歳だった著者が機関砲の弾頭づくりにかり出された際に，クラスメートが受けた仕打ちを目撃したときのエピソードは，いまなお強烈に印象に残っています。

角田邦重・山田省三編『労働法解体新書〔第4版〕』（法律文化社，2015年）
　初めて労働法を学ぶ人を対象にしたやさしい労働法の基本書。やさしいといっても，基本的な労働法の知識は，ほぼこの1冊で得られるようになっています。章構成は，応募，採用からスタートし，労働契約，就業規則，労働時間，休日，休暇，労働組合，非正規雇用，退職，解雇……と，労働者としての生活の流れにほぼ沿って組み立てられていますので，頭の中で理解しやすいのではないかと思います。労働法の学習の「はじめの1冊」として最適。

珈琲たいむ

労働者には，パンも薔薇も大切だ
〜 映画『ブレッド＆ローズ』 〜

　今回，「労働」をテーマにした映画を1つ紹介したいと思います。1つ選ぶというのは本当に難しく，どれにするかものすごーく迷いましたが，タイトル含めてやっぱりコレが一番かなー，ということで，ケン・ローチ監督の『ブレッド＆ローズ』にします。

　この映画は，メキシコ人の若い女性マヤが，メキシコとアメリカの国境を走って越えるところから始まります。マヤは，すでにアメリカ・ロサンゼルスで生活していた姉のローサを頼って，アメリカにやってきたのです。その後マヤは，ビルの清掃労働者（ジャニター）として働きますが，そこは中南米やロシアなどから来た移民労働者ばかりでした。移民労働者たちは不正なことをされていても異議を唱える術を持たず，劣悪な労働条件で安くこき使われる存在でした。

　そんな中，マヤは労働組合のオルグであるサムと運命的な出会いをします。サムは職場のみんなが団結して闘えば，必ず状況を変えることができると熱く語りました。マヤとサムは職場の仲間たちに団結を呼びかけ，最初は半信半疑だった仲間たちもしだいに心が一つになっていきましたが。でもその後……（続きは観てからのお楽しみ♡）というのがおおよそのストーリーです。

　きれいごとだけではない現実がたくさんでてきて胸が締めつけられます。それでも，マヤの溌剌とした明るさ，たくましさに救われるところが多々あり，たくさんの元気をもらえます。ラストも決して大団円ではありません。でも，労働者の団結は最強であり，何回つぶされたとしても，決して無駄になることなく，次につながっていくんだ，ということが伝わってきます。過去の名もなき無数の労働者たちによ

映画『ブレッド&ローズ』より。デモ行進での横断幕。

る勇気ある行動。私たちの現在の労働条件は，こうした行動の積み重ねの上にあるんだなあと実感できると思います。

　監督は，一貫して労働者のリアルな姿を撮り続けているイギリスの映画監督ケン・ローチ。今作で初めて舞台をアメリカにして，実話に基づく移民労働者がその多くを占める清掃労働者（ジャニター）たちの闘いを見事に描きました。

　映画の題名である「ブレッド&ローズ」とは，1912年にアメリカの移民労働者たちが労働条件の改善を求めて闘ったときに「We want bread but roses too.」とプラカードに掲げられたスローガンです。労働者にとっては，「パン（＝生存）」も大事だけど，それだけではなく，「バラ（＝尊厳）」だって大切なんだ，という意味です。労働者の闘いの中にはいろんなスローガンが生まれましたが，これはその中でも屈指の美しい言葉だと思います。

　この映画が作られて年の歳月が経ちました。アメリカの移民労働者は相変わらず過酷な労働環境に置かれており，闘いは，今もまだ続いています。

第3章　労働者の視点から見る社会

あ と が き

　筆者が所属する社会マネジメント学科は，社会のしくみや成り立ちについて学際的に学び，くらしや社会の問題解決を提案し，実行できる力を実践的に身につけることを，学習の目標としています。法律も，そのような世の中のしくみの1つであり，現代社会の土台をつくる理念や考え方を示し，さまざまな生活関係を規律するものです。そこで，学科の学びを通して，社会生活を送るための素養として，社会生活上の問題を法律との関係において捉えることのできる力を身につけてもらいたいと考えています。

　「社会」と聞くと，何か漠然として，抽象的で，自分とはかけ離れた，捉えどころのないもののように見えます。しかし，生活の中の出来事に焦点を当てて取り出してみることで，社会をより具体的に感じることができるのではないかと思います。家族と地域で暮らす，生活に必要なもの・サービスを購入し，消費する，仕事をする・働くというのは，誰もが生活の中で当たり前のように行っていることです。そこから，社会に対する気づきを得ることが，社会に対する学びの第一歩となるでしょう。

　本書を執筆しながら，情報化が進展し，取引のしくみや消費生活が大きく変化し，それが若い世代の生活に浸透し，幅広く影響を与えていることを改めて実感しました。身近な生活の中で気づいたこと，感じたことをもとに，法律を含む，社会生活に関連する知識や技術を学び，自らの問題意識を深め，さらに生活の中に活かすことができれば，社会について学ぶ面白さが増すのではな

いでしょうか。

そして，社会の中の自分を知るのと同時に，社会で生きていく自分について考えてみましょう。私たちが生活していく上で，さまざまな課題や問題が生じてきます。そのときに，家族や地域社会，職場など，生活上関わりを持つさまざまな場で，自らの役割を考え，周りの人たちと協力し，アイディアを出し合い，意見を交わし，コミュニケーションを図りながら，これらの解決策を見出し，実行する力も必要です。社会をつくる力，それが「社会マネジメント」力です。

本書のアイディアは，それぞれ法律学を研究し，奥貫は労働法，社会保障法，山口は消費者行政・消費者法，経済法を専攻し，社会法という共通の法領域を専門とする2人が，法律学の面白さを学生にどう伝えるかを日頃，話している中から生まれました。出版には，筆者が勤務する相模女子大学の学術図書刊行助成費の助成を受けています。

最後に，本書を刊行するにあたり，萌書房の白石徳浩氏には，辛抱強く，お力添えをいただきました。心から感謝を申し上げます。

　　　2016年3月

　　　　　　　　　　　　　　　　　　　　山口　由紀子

■著者略歴

山口 由紀子（やまぐち　ゆきこ）

慶應義塾大学大学院法学研究科博士課程所定単位取得退学。現在，相模女子大学人間社会学部社会マネジメント学科教授。消費者行政・消費者法，経済法，国際経済法専攻。

主要業績

『消費者市民社会の構築と消費者教育』（共著：晃洋書房，2013年）

「食品表示の適正化と食品表示規制(1)(2)——景品表示法改正をめぐる議論を契機として——」（『国民生活研究』第54巻第1号，同第2号，2014年）

「消費者庁・消費者委員会の検証と今後の課題——企画・立案機能，組織のあり方について——」（共著：『現代消費者法』No.13，2011年）ほか。

〔第1章第1・2節，第2章および珈琲たいむ，あとがき〕

奥貫 妃文（おくぬき　ひふみ）

早稲田大学法学部卒業，中央大学大学院法学研究科博士後期課程単位取得退学。現在，相模女子大学人間社会学部社会マネジメント学科専任講師。労働法・社会保障法専攻，専門領域として外国人労働者の労働問題・低所得者の社会保障問題・労働法と社会福祉の交錯に関する問題。

主要業績

『社会福祉と法』（共著：放送大学教育振興会，2016年）

『外国人の人権へのアプローチ』（共著：明石書店，2015年）

『労働法解体新書〔第4版〕』（共著，法律文化社　2015年）ほか。

〔序，第1章第3節および珈琲たいむ，第3章および珈琲たいむ〕

「リーガル・スタディ」コトハジメ
——家族・消費者・労働者としての私たち

2016年3月31日　初版第1刷発行

著　者	山口由紀子
	奥貫妃文
発行者	白石徳浩
発行所	有限会社　萌（きざす）書房

〒630-1242　奈良市大柳生町3619-1
TEL (0742) 93-2234 / FAX 93-2235
[URL] http://www3.kcn.ne.jp/~kizasu-s
振替　00940-7-53629

印刷・製本　共同印刷工業

Ⓒ Y. YAMAGUCHI & H. OKUNUKI, 2016　　Printed in Japan

ISBN978-4-86065-102-2